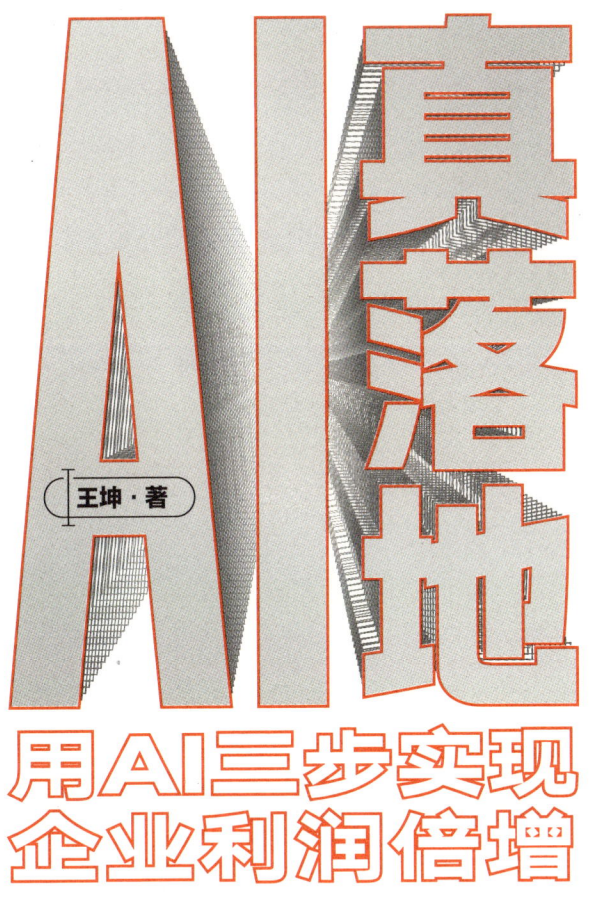

AI真落地

王坤·著

用AI三步实现企业利润倍增

电子工业出版社
Publishing House of Electronics Industry
北京·BEIJING

未经许可，不得以任何方式复制或抄袭本书之部分或全部内容。
版权所有，侵权必究。

图书在版编目（CIP）数据

AI真落地：用AI三步实现企业利润倍增 / 王坤著. -- 北京：电子工业出版社, 2025.4. -- ISBN 978-7-121-49997-5

I. F275.4-39

中国国家版本馆CIP数据核字第20257W6F93号

责任编辑：滕亚帆
文字编辑：付　睿
印　　刷：河北迅捷佳彩印刷有限公司
装　　订：河北迅捷佳彩印刷有限公司
出版发行：电子工业出版社
　　　　　北京市海淀区万寿路173信箱　邮编：100036
开　　本：880×1230　1/32　印张：8.5　字数：273千字
版　　次：2025年4月第1版
印　　次：2025年7月第2次印刷
定　　价：79.00元

凡所购买电子工业出版社图书有缺损问题，请向购买书店调换。若书店售缺，请与本社发行部联系，联系及邮购电话：（010）88254888，88258888。
质量投诉请发邮件至zlts@phei.com.cn，盗版侵权举报请发邮件至dbqq@phei.com.cn。
本书咨询联系方式：faq@phei.com.cn。

我在跨年演讲上介绍的第一个AI应用案例，就是王坤的实践。经过一年多的进一步思考和实践，他带来的这本书更值得一读了。

——罗振宇 "得到" App创始人

推荐序一

重构组织的新引擎

在人类历史上，每一次重大技术革命都会重塑生产关系，改变人与工具的关系。就像远古时代的火，最初或许只是少数人掌握的技能，但它最终改变了整个人类文明。今天，生成式AI正在扮演着类似的角色——它不仅是一项技术创新，更是一场深刻的文明变革。

与前三次工业革命不同，生成式AI带来的变革不是对特定生产要素的改造，而是对知识创造方式的根本重构。如果说第一次工业革命通过蒸汽机解放了人类的体力劳动，让一个工人能够完成过去十个人的工作；第二次工业革命通过电力系统让能源使用变得普遍，工厂不再受限于水车的位置；第三次工业革命则通过互联网让信息传递的成本趋近于零，使全球协作成为可能。那么，生成式AI带来的变革更加根本——它让知识的创造成本趋近于零。

这种变革最独特的地方在于它的普惠性。在过去的技术革命中，新技术往往首先被大型企业所掌握，然后才逐渐向下扩散。但生成式AI颠覆了这一模式，通过调用基础模型，即使规模较小、资源有限的企业，也能够快速获得强大的AI能力。一个小型企业可以在几秒内生成专业的产品方案，一个创业团队可以在几分钟内创作出高质量的营销内容，一个初创公司可以立即调用和整合各类专业知识。这就是知识创造民主化的真正含义——当知识创造不再是少数精英的特权之时，创新的门槛将大幅降低。

这种变革正在重塑各行业的竞争格局。在制造业，AI不仅优化了生产流程，更重要的是，它改变了产品创新的方式——从需求洞察到方案设计，从测试优化到上市策略，整个过程被大幅压缩；在金融行业，AI让风险评估和投资决策变得更加精准，同时让普惠金融成为可能；在医疗行业，AI不仅辅助诊断，更是让个性化治疗方案的制定变得高效且可行。

正如王坤的观察和实践，服务业为我们提供了理解这种变革的直观视角。服务的本质是知识的创造与传递，从客户需求的理解到解决方案的设计，从服务体验的提升到价值主张的传递，每一个环节都依赖知识的创造。当这些过程的成本趋近于零时，我们看到越来越多的创新实践：零售企业用AI打造个性化购物体验，物业公司用AI改造智能运维，教育机构用AI实现因材施教。这些都不再是遥不可及的未来，而是正在发生的现实。

在这场变革中，我们正在见证一个有趣的现象：随着AI技术的普及，技术差异在逐渐消失，但人的差异却被空前放大。这种看似矛盾的现象，恰恰揭示了生成式AI最本质的特征——它不是一个标准化的工具，而是一个能力放大器。就像显微镜放大了人类观察微观世界的能力，望远镜拓展了人类探索宇宙的视野，生成式AI则放大了人类创造和运用知识的能力。

这种放大效应体现在多个维度：一个善于提问的产品经理，能够引导AI生成更有洞见的市场分析；一个具有审美能力的设计师，能够让AI创造出更打动人心的作品；一个深谙业务本质的管理者，能够将AI的输出转化为实实在在的商业价值。在每一个场景中，人都不是被动地使用工具，而是在主动地引导和释放AI的潜能。这就是为什么相同的AI工具，在不同人手中会产生如此不同的结果。

这种特征决定了生成式AI的落地路径必然不同于传统的IT项目。这让我们想起了电气化时代的经验：当时，简单地在工厂安装电力系统并不能带来生产效率的提升，真正的效率提升来自对整个生产流程的重新设计。今天的企业同样面临着类似的挑战——仅仅部署AI工具是远远不够的，关键在于要重新设计组织的运作方式。

从这个角度看，组织变革比技术实施更为关键。企业需要建立新的能力体系：首先是提问的能力——懂得如何提出正确的问题；其次是判断的能力——能够评估AI输出的价值；最后是整合的能力——将AI的输出转化为实际的业务价值。这些能力不是通过简单培训就能获得的，而是需要在实践中持续积累和优化的。

站在历史的维度看，每一次技术革命都会经历从工具到基础设施的转变，正如电力最终成为现代文明的基础设施，生成式AI也正在经历类似的转变。当前，我们已经清晰地看到这场变革的轮廓：知识创造的民主化正在重塑产业格局，人与AI的协作正在创造新的生产关系，组织的运作方式正在发生根本性的改变。

这场变革的深度和广度都超出了传统技术革新的范畴。它不仅改变了特定的生产要素，更重要的是，重构了知识创造的基础范式。在这个过程中，技术创新反而不是最具挑战性的部分，真正的挑战在于如何重新设计组织的运作方式，如何培养新型人才，如何建立适应这种变革的组织文化。

那些能够深刻理解这一点的组织，往往能够在变革中占据先机。它们不会将AI简单地视为效率工具，而是将其视为重塑组织能力的契机。在这个意义上，生成式AI正在开启一个新的组织进化周期，其影响力将远超技术层面，延伸至组织的每个角落。这也正是这本书试图探讨的核心议题。

李宁

清华大学经济管理学院领导力与
组织管理系主任、
Flextronics讲席教授

推荐序二

AI生产力重构营销新范式

王坤在《AI真落地》中提出的"场景切片法"与"组织知识沉淀模型",深刻呼应并具象化了生成式营销的核心命题。

其"场景切片法"——聚焦于"高价值、高情绪、高频"三维场景,并进行精准切入——正是对"深度嵌入业务流程"这一理论精髓的卓越实践演绎。它跳出了技术堆砌的陷阱,将AI的赋能精准锚定在业务流中最能释放价值的痛点上,这与我们强调的"人机协同智能体必须无缝融入作业环节"的理念不谋而合。

而书中构建的"组织知识沉淀模型",则直指"重构组织效能"的生成式营销终极目标。王坤清晰地指明:AI的伟力在于将个体精英的"隐性经验"转化为可复制、可迭代、可规模化的"组织智慧"。这一模型不仅为"培养最优解"的组织进化提供了可操作的路径,更印证了我们在《生成式营销产业蓝皮书》中的核心判断——未来的核心竞争力源于将AI内化为企业的"记忆中枢"与"创新引擎"。

可以说,《AI真落地》正是将生成式营销的"理论蓝图"转化为企业管理者手中"实战施工图"的关键桥梁。王坤的探索,不仅验证了生成式营销落地的可行性,更通过扎实的行业实践,为理论的深化与拓展注入了强劲的生命力。本书的实践智慧,是生成式营销从学术殿堂走向产业纵深的有力见证。

金立印

复旦大学管理学院市场营销学系系主任

推荐序三

开启智能增强的新纪元

当人类第一次学会使用火时,我们掌控了自然的力量;当工业革命的齿轮开始转动时,我们重构了生产的范式;而今天,当生成式AI掀起认知革命的浪潮时,我们正站在一个更本质的转折点上——这一次,人类将亲手点燃智慧的火种,让机器成为人类能力的延伸,让每个个体都能调用文明的集体智慧。

作为深耕营销科技领域的连续创业者,我与团队创立卫瓴科技的初心从未改变:"用营销和科技赋能每一位销售人员,助力他们成就不凡。"二十年前,我们通过互联网广告让品牌传播无远弗届;十年前,我们借力深度学习等人工智能技术实现千人千面的精准营销;而今天,AI技术的再次突破正让我们触及一个更激动人心的未来——它不仅是效率提升工具,更是人类智慧的"复刻引擎"和"增强外脑"。

01 从"经验垄断"到"智慧平权"

在传统商业世界中，顶尖销售人员的能力往往被视为"黑箱"。那些精妙的话术设计、精准的需求洞察、细腻的情绪共振，曾是少数人通过漫长实践积累的"独家秘籍"。正如王坤在书中揭示的案例：百丽雅将牙科专家潘医生的销售能力拆解为可算法化的模型，让普通员工快速蜕变为销售尖兵。这印证了一个关键趋势——AI正在打破经验的垄断，将人类的最佳实践转化为可规模化的数字资产。

这种变革与卫瓴的实践不谋而合。在服务近千家企业客户的过程中，我们发现：卓越销售人员的价值不仅在于成交结果，更在于他们构建了一套"暗知识"体系——如何预判客户决策链的变化？如何在对话中捕捉情绪信号？如何将产品价值转化为客户认知？这些原本只存在于个体大脑中的智慧，正通过AI实现"细胞级"的拆解与重组。当企业能将这些隐性知识沉淀为可迭代的智能体时，便真正实现了组织能力的指数级进化。

02 AI时代的"增强型组织"

在我们服务客户、迭代产品的过程中，我们深刻意识到生成式AI正在成为组织能力和智慧的放大器。某企业服务公司通过AI智能体将金牌销售人员的沟通策略转化为动态知识图谱，新员工的成单周期从2个月缩短至2周；某B2B企业用AI重构客户旅程，使80%的初级销售人员能独立完成复杂方案的定制。这些实践揭示了一个真相：AI赋能的组织正在进化为"增强型组织"——人类专注价值创造，机器负责模式迭代，二者形成认知闭环。

这种增强效应在营销领域尤为显著。过去，客户洞察和创意生成被视为人类独有的疆域，而今，AI正在重塑这一范式：AI可以持续不断地针对每位客户进行意图感知、情报收集，进而实时生成针对每位客户的精准洞察；AI也可以作为精准的策略顾问和敏锐的协同伙伴，在客户运营和客户沟通中实时提供战术建议。而在此过程中，组织中每个人的智慧正在通过AI实现交融和迭代，正如王坤所说："当美容师既是服务专家又是AI训练师时，个体即组织，组织即生态。"

03 重构人机协作的新契约

然而，技术跃迁从不会自动带来组织进化。正如电气化时代需要重新设计工厂流水线，AI时代更需要重构组织的协作契约。卫瓴在推动企业智能化转型时，始终坚持3个原则：

1. 知识萃取先于工具部署：将个体智慧转化为组织智能，需要建立"观察—拆解—验证"的持续沉淀机制。
2. 人性优势定义AI边界：让AI处理模式化的决策，从而释放人类去从事更具情感连接、复杂判断和价值创造的工作。
3. 培养"AI原生思维"：从"如何用AI解决问题"升级为"如何与AI共同进化"，将人机协作深度植入组织基因。

王坤在书中描绘的实践图谱，正是这种思维的生动注脚。从话术训练到服务设计，从知识沉淀到组织迭代，每个案例都在诠释一个真理：真正颠覆性的创新，不在于技术本身，而在于重新定义人与技术的共生关系。

04 迎接"智能增强"的黄金时代

站在当下这个节点回望，AI引发的变革已远超工具革新的范畴。它正在重构商业文明的底层逻辑——当知识创造的边际成本趋近于零时，企业的核心竞争力将从资源占有转向智慧复刻；当人机协作成为新型生产关系时，组织的边界将被重新定义；当每个个体都能调用超级智能时，平凡者亦能成就不凡。

这本书的价值不仅在于揭示AI赋能的路径，更在于点燃组织进化的火种。正如百丽雅用AI重塑美容行业生态的实践所昭示的：那些敢于将人类智慧注入机器，又用机器增强人类能力的组织，终将成为新时代的领航者。

此刻，我们共同站在文明升级的临界点。让我们以开放之心拥抱变革，以敬畏之心驾驭技术，在人与AI的共舞中，书写智能增强时代的新篇章。

杨炯纬

卫瓴科技创始人兼CEO

推荐语

本书作者王坤先生是AI落地的布道者，也是AI落地的实践派。有幸数次邀请王坤先生参加我的直播课，可以感受到王坤先生把自己的企业作为一个样本，真正实现了AI的落地。翻开这本书，你将开启一场务实对话，这里没有幻想，只有真正落地的生存智慧。

——谭北平

秒针营销科学院院长、香港大学客座副教授

当白领与蓝领的边界在AI催化下逐渐溶解时，一种新型职业范式正在崛起——既能驾驭算法逻辑，又深谙产业痛点的劳动者将成为人智融合时代的核心生产力。本书正是为这场职业进化量身定制的实战手册，它打破了"AI属于技术精英"的认知茧房，证明人工智能不仅是高学历者的专属武器，更是所有劳动者触手可及的生产工具。

——李育辉

中国人民大学劳动人事学院教授、博士生导师

《AI真落地》是一本关于如何在企业中有效应用AI的实用指南。结合理论基础与实战案例，本书为企业家和技术人员提供了AI落地的策略和方法。作为AI领域的实践者，我相信本书将助力企业实现智能化转型。

——罗文

天度科技合伙人、WaytoAGI社区AI智能体版主、扣子平台头部开发者

AI如何在企业真正落地？本书给出了实战答案。王坤在传统美容行业企业百丽雅的实践场景中，将AI技术转化为具体可行的商业方案，实现了业绩增长超30%。本书不讲技术术语，而是通过真实案例展示如何将销售冠军能力算法化、用AI提升员工销售力、在高价值场景中应用AI智能系统。从找准切入点到构建工具思维，从知识萃取到组织重构，作者分享的方法论已在百丽雅得到验证，并成功复制到保险、大健康等多个行业。对于渴望借助AI提升组织效能的企业家而言，这本AI商业落地指南提供了可学、可用、可复制的AI赋能路径。

——甲木

LangGPT社区联合创始人、"得到"App"AI提示词"课程主理人、《智能体设计指南》作者

一个非技术出身的AI创业者，在与AI相距甚远的美容行业企业，探索出了一套AI赋能企业效能的方法论和实战打法，并成功落地，取得了显著的成果，还推广到很多行业，这段经历非常不寻常。王坤在本书中，真实讲述了自己用好AI、融入AI、推广AI的故事，完整呈现了AI如何从赋能个体职业技能到重塑组织生态的全过程。全书没有临空蹈虚的理论说教，都是来自一线的实战经验，可学、可用、可复制，高效、管用、能落地。

——梅俊

北京方寸无忧高级副总裁、

"得到"App"如何用AI辅助高效写公文"课程主理人

王坤的《AI真落地》以哲学思维解构技术革命：从场景切片到能力永生，让AI真正赋能传统行业。其核心不是替代人，而是解放生产力、重塑组织智慧——为企业家提供可复制的"工具链+方法论"，在效率与人文价值间找到平衡点。《AI真落地》极具实战价值，非常值得相关从业者阅读。

——徐晓良

博研哲学商学院院长

序言

AI颠覆营销模式，组织效能翻倍

这是一本关于AI在企业落地应用的书。按照常规套路，我应该在开篇介绍AI的三大维度、六大层面，以及我在AI领域的身份和名号。

但经过反复思考，我决定先分享一段经历。这段经历让我坚信，AI的商业化落地蕴含着巨大的机遇。正如安德鲁·吴教授所说的："人工智能将是下一次工业革命的引擎。"AI正在以革命性的方式改变传统的营销模式，帮助企业以指数级的速度提升效能。

01 154分钟，彻底改造一家企业

前段时间，我和秒针营销科学院院长谭北平、复旦大学管理学院市场营销学系系主任金立印、明略科技董事长吴明辉共同发布了《2024 AI+：生成式营销产业研究蓝皮书》，探讨生成式AI在营销中的应用，以及关于未来组织变革的思考。如

今，我们正处于全员营销时代，流量成本高昂，转化率难以提升，因此企业必须让每位员工都具备面向客户的能力。

"全员营销"喊了多年，但一直面临一个难题：如何让技术人员、新员工，甚至是后台行政人员都能具备营销能力？答案在于基于企业知识底座的AI智能体。借助这种智能体，即使是负责打扫卫生的阿姨，也能通过AI生成有针对性的营销文案。

在为企业做AI智能体时，我常被问道："你们的AI工具和其他的有什么不同？"我们的AI工具的核心优势在于：没有使用千篇一律的标准化内容，而是基于企业的专属知识库生成个性化的营销文案，这就是我们与其他AI工具最大的不同。因此，构建企业的AI知识库，是AI应用落地的首要任务。

我常说，不帮企业搭建知识库而只搭建AI系统，等同于"诈骗"。没有任何AI工具能解决所有公司的问题。

在培训和客户服务中，我常对老板和高管说：这已经不是做不做的问题，而是关乎企业生死存亡的问题。我把"全员面向客户"总结为3句话：技术必须会坐销，坐销必须会行销，全员必须会营销。

如果原本你是技术人员，除了做好专业的服务，还要学会往前再走一步，哪怕你就坐在那里，也要以顾问的视角来销售产品。与别人的技术相比，能把自己的技术优势通过语言清晰地表达出来，让自己的技术变得更有价值，就是坐销。如果原本你是顾问，那么现在不仅要有坐销的能力，还要走出去谈合作、拜访客户、发掘更多的商机、挖掘出对方的潜在需求，从而促成合作，这就是行销。过去，营销工作主要集中在销售和市场部门，但现在，企业每一位员工都应参与其中。他们需要在社交媒体上，如朋友圈、小红书、大众点评、抖音等，积极分享和推广，这就是"全员营销"。

那么，如何实现呢？关键在于借助AI智能体。公司上下每个人都会用到它，虽然理念和产品专业度一致，但每位员工的表达方式不同，所以每篇内容都可能吸引流量。

每次讲到这里，台下的老板和高管们都会点头赞同。但问题来了：应该怎么做？我说，如果要实现全员营销，直接面向客户，那么每位员工一天至少要完成以下工作：

1. 每天针对30位不同的顾客写30条个性化的邀约短信。
2. 每天对到店的6位顾客进行个性化回访。
3. 每天发3篇朋友圈消息，分别展现成长、产品和客户信任。
4. 每天对10位顾客的朋友圈消息进行评论。
5. 每天早晚各一次在大众点评、小红书、抖音等平台打卡。
6. 每天邀请一位顾客发表好评。
7. 每天进行两次销售话术训练。
8. 在接待每一位顾客前，先制定一套服务方案。

我问这些老板和高管，你觉得一位员工一天能完成这些工作吗？他们说，不可能，光是第一条，就很难完成。比如，给全职太太和职场精英写邀约短信，风格完全不同。写一条就要十几二十分钟，写30条半天就过去了。

我说，以前是这样的，但现在不一样了，我能在154分钟内完成这些工作。没错，每天154分钟，两个半小时，每位员工都能高质量地完成这些工作。为什么呢？因为我们有基于公司知识库的生成式AI智能体。

在我们梳理好知识，把学习资料"喂给"AI，并经过人工校准和标注后，AI可以大幅降低内容生产的成本，让内容产出变得极其简单。比如写邀约短信时，你只需填三个空：顾客的名字、基本信息和邀约内容。填完后，AI会自动生成，甚至连风格都能定好。邀约短信可以有多种风格，如温暖亲切风、诗意浪漫风、专业高级风……甚至土味情话风、藏头诗风、对仗押韵风等。

我们还可以根据客户的性格来生成内容，例如，我们会在AI智能体里把客户分成狮子型、孔雀型、猫头鹰型、考拉型……任何一位员工，想邀约客户参加活动，2分钟内就能生成多条不同风格的邀约短信。

再比如，早晚各一次在大众点评、小红书、抖音等平台打卡。公司建好图库后，员工只需挑几张图片，AI瞬间就能生成适合各平台的文案，接着员工拿去分发即可。即使平台有查重机制，只要使用拼图软件随机拼接图片，就能轻松突破限制。

我问老板和高管们，你们知道这意味着什么吗？假设公司有300位员工，每人每天都在发内容，那么对市场来说就是饱和式攻击。就像几个月前，我们公司隔壁举办了一场美容行业大会，我们公司全体员工出动去发广告，结果那天有十几拨人来公司咨询项目，甚至还有人问是否开放加盟。这样的营销打法后来被很多合作伙伴所效仿，效果非常不错。

当你可以低成本生产海量内容的时候，就可以进行海量分发，一个月可能带来上千万的曝光量。流量和转化率可能会翻倍甚至获得几倍的增长。这是生成式AI带来的机会。

现在的AI，就像远古时代的火。以前人们吃生肉，有了火后开始吃熟肉，这是能够快速补充能量的方式。以前我们收集的知识就像生肉，现在通过AI智能体加工后，"生肉"变成了更安全、更匹配需求、更好消化的"熟肉"。这样匹配不仅便于"吸收"，还意味着公司可以节省大量的时间、精力和能量，去做更有意义、更有价值的事。

生成式AI甚至会让组织的战略和打法都发生改变，而这一切的改变，就从每位员工每天的154分钟开始。

02　从小工具到系统性解决方案，每一家企业都值得借助AI实现效能提升

看到生成式AI能给企业带来这样的成效，我对未来充满了信心。我也知道，帮助更多企业进行AI落地，不仅需要理念的落地，最终还要落实到每位员工、每个细节、每个动作，并带来业绩提升。

比如，把技术应用到企业，提高人效；把服务做得更好，给客户带来独特体验，帮助商家实现销售额突破……抱着这样的念头，我和几位朋友不断尝试，最终取得了一些成绩。

对内，我的公司百丽雅在销售方面整体成交率提高了2倍左右；最难卖的一款产品，客单价从29.8万元提高到39.8万元，成交量翻了10倍。可以说，AI智能体帮我们复制出一个销售军队。

对外，我们辅导了很多企业落地AI，也取得了不错的成绩。比如，帮助一家公司用AI技术打板并在美博会招商，吸引了150多家合作方成为联营商。最让我兴奋的是，能够与"得到"App联合创始人快刀青衣老师开展合作，共建了"练练"工具——一个AI赋能员工培训和全员营销的数字化解决方案。它不断迭代升级，帮助至少40多家企业实现了AI转型，包括中国人保、达实智能、歌力思、Laurèl、柏荟、根本健康、嘉悦国际、喜多多、珍奥、银河商学、ISPA、绝代百草、本色国际、君佩珠宝、得到、少年得到、次世代、三目佳、名黛、爱维……

03 面对高速升空的AI火箭，你要做的就是：抄起家伙，上

看到自己落地AI的效果，以及帮助合作伙伴取得的成果，我越来越意识到：真正的AI时代已经到来。能与AI结缘

并帮助更多人用上AI，我感到很荣幸，仿佛搭上了时代的顺风车。

当然，我也知道，每当风口出现时，质疑和焦虑的声音一定少不了，你可能也在观望。但我想说，AI不是一个简单的风口，它会开启人类社会的一个新时代。我想引用"得到"App联合创始人快刀青衣老师的一段话，帮助你缓解焦虑：

> 如果2023年是AI元年，那么此刻这个阶段，放在《海贼王》里，路飞还没有自己的船，放在《水浒传》里，宋江还没上梁山，放到《西游记》里，唐僧还没告别长安，踏上西行的路。
>
> 谷歌CEO施密特曾经说过："如果有人在火箭上提供了一个位置，不要考虑位置好坏，上去再说。"
>
> 现在，AI的火箭就要升空。请先扔掉对AI的焦虑，我们一起坐上火箭，学习AI、利用AI。
>
> AI已经来了，朋友们，抄起家伙，上！

回顾自己的经历，我在AI领域取得的成绩离不开合作伙伴的信任和支持。创业之路从来都不是一帆风顺的，其间充满了质疑和孤独，但正是有了同行者的陪伴，我才有勇气和力量不断前行。

我非常幸运地结识了很多业内专家。毫不夸张地说，他们的帮助和支持让我在AI领域实现了"逆袭"，我的人生也因此发生了巨大的转变。这些专家包括"得到"App·AI学习圈主理人刀哥、秒针营销科学院院长谭北平、中国人民大学劳动人事学院教授李育辉，以及清华大学经济管理学院领导力与管理系主任李宁教授及其团队成员周怀康（清华大学经管博士后）、崔紫妍（清华大学经管博士）、钱晨（清华大学经管博士后）、洪天波（清华大学经管博士，中国人民大学助理教授）、金铭（清华大学经管实验室研究助理）等。他们的专业指导让我避开了许多坑，让我在AI的道路上少走了很多弯路。

此时此刻，我也要感谢正在阅读这本书的你，感谢你的信任！

最后，让我简单介绍一下本书的主要内容，希望能帮助你更好地理解和应用书中的知识。

本书分为3个主要部分：

第一部分，我会带你走进AI的应用场景，近距离感受AI的力量，帮助你找到适合你公司的应用场景。

第二部分，我将探讨如何萃取组织的优秀经验，借助AI赋能更多员工，从而提升组织效能。

第三部分，我会分享多种AI工具的设计理念和应用方法，帮助你快速掌握这些工具的使用技巧。

此外，我们还会展望未来，思考AI带来的组织架构变革和更多潜在应用。

AI时代已经到来,未来已至。我相信,AI不仅会颠覆传统商业,还能让组织效能实现质的飞跃。

谨以此书,献上我的方法和收获,真诚地希望能帮助你享受AI时代的效能红利。

王坤

目录

第一章　商业洗牌 001

1-1　商业变革：借助AI，传统服务门店重回巅峰 002

01　从玩家到行家，罗振宇老师称我为"传统企业里，最会用AI"的人 002

02　每个普通人都能上手的AI应用，就是让它成为你的教练 005

03　将唯一的销售冠军复制成一支销售军队，是每个AI赋能企业可以预见的未来 010

1-2　能力重塑：将销售能力算法化，打造一支销售军队 012

01　能复制100个潘医生的关键：将抽象的经验能力算法化 013

02　当稀缺能力可以被复制时，个性化能力将实现规模化 016

03　AI引领行业变革，要么入局，要么出局 018

1-3　结构颠覆：以前招聘是最优解，现在培养是最优解 021

01　AI正在酝酿一场商业变革，过去不可能
　　发生的事情正在发生……………………………021

02　大幅压缩培训成本，AI让每一次培训都
　　可以做到"千人千面"……………………………024

03　除了提升效率，AI为培训带来了更大的
　　稳定性和更多的可能性…………………………026

1-4　服务迭代：从传统接待到AI赋能的个性化体验……028

01　能力层面，AI助力高端服务，让顾客感
　　觉更好……………………………………………029

02　动作层面，AI助力实现终端接流……………031

03　思考层面，AI助力你完成基础决策…………033

1-5　效率提升：用好AI之前，老板必须做好公司的
　　知识沉淀………………………………………………035

01　空降继承者：通过知识沉淀找到接班突
　　破口，为AI时代的快速转型做好铺垫………035

02　知识沉淀：对于企业而言是一场新时代
　　的"知识平权"……………………………………038

03　能被复制的知识才是需要沉淀的知识，
　　让知识成为企业的数字化系统…………………040

第二章　第一步：落地场景……………………………044

2-1　找到场景：企业AI变革第一步——把真实场景
　　"切"得足够细……………………………………………045

01　拆解高价值的"关键场景+关键项目"，
　　让AI赋能企业……………………………………046

02　将场景切片化，找到关键场景，快速切
　　　　入营销口...048
　　03　定位高价值场景后，借助AI产出定制化
　　　　服务营销话术...051

2-2　高价值：找到高价值场景，借助AI复制高价值
　　　能力...057
　　01　AI赋能高价值场景，轻松提高转化率.........058
　　02　三大自问，助你快速识别高价值场景.........060
　　03　AI赋能高情绪场景，妙写藏头诗吸粉无数....065

2-3　高情绪：借助AI，让提升强体验的关键细节不
　　　再"奢侈"...067
　　01　打破思维定势，高情绪场景时时刻刻皆
　　　　可用AI赋能...067
　　02　优化用户体验地图，就是优化你的"AI作
　　　　战地图"...071
　　03　找到高价值+高情绪的交叠点，高效嵌
　　　　入AI..075

2-4　高频率：借助AI，让员工实现业绩爆发式增长.....077
　　01　找到重复性高、必要性强的工作场景.........077
　　02　利用AI提问公式，高效节约人力、物力.....080
　　03　高频率场景AI化，不只是节约成本这么
　　　　简单...084

2-5　AI信念：如果相信AI是未来，所有阻力和不适
　　　都是"必经之路"...086
　　01　借力AI，丽莉娅的诞生，让百丽雅有了
　　　　生命力...087

02　借力AI，低成本、高效能实现品牌升级......091
　　03　如何让所有人相信，AI是未来......092

第三章　第二步：萃取赋能 100

3-1　知识萃取：从成功经验到组织知识沉淀..............101
　　01　知识、经验的提炼和萃取，价值千金..........102
　　02　因人而来：萃取知识，你首先得知道这
　　　　个知识在谁的脑子里..........................104
　　03　因事而变：所有的知识都是为具体的场
　　　　景服务的....................................106
　　04　对继任者讲话：当说话的对象变了时，
　　　　经验就会被和盘托出..........................108

3-2　锁定方向：客观标准+主观判断+有效条件，
　　　3个维度的避坑经验..................................111
　　01　从客观标准出发，既要看到简单，也要
　　　　看到复杂....................................112
　　02　从主观判断出发，用提问的方式排除
　　　　"自我美化"..................................114
　　03　不能忽视的一步：检验知识和经验的
　　　　有效性......................................117

3-3　能力模型：3个模型，升级组织能力..................119
　　01　销售模型....................................120
　　02　服务模型....................................122
　　03　创新模型....................................125

3-4　激励驱动：将分享经验的习惯融入组织..............129
　　01　会场..130

02　钱场 131
　　　03　人场 133
　3-5　落地复制：让所有员工都拥有老板的能力 137
　　　01　知识萃取的关键问题 138
　　　02　AI训练的4个层次 141
　　　03　AI落地复制的案例 145

第四章　第三步：应用落地 148

　4-1　工具思维：问答—集成—领导，AI工具使用的
　　　3个层次 149
　　　01　具备"AI工具思维"，是AI商业化落地
　　　　　的关键一步 149
　　　02　3个层次，武装你的"AI工具思维" 151
　4-2　学会提问：AI的好答案，在等待你的好问题 155
　　　01　AI答案的水平，取决于提问的水平 155
　　　02　问答的背后，是符号主义和连接主义的
　　　　　"对决" 159
　　　03　问答应用，让人工智能实现"真智能"
　　　　　"再进化" 162
　4-3　极致应用：集成化使用AI的能力，是未来组织
　　　的核心竞争力 165
　　　01　集成化地使用AI工具，一个人可以抵得
　　　　　上一支团队 165
　　　02　比起精通工具，认识到工具的集成化更
　　　　　重要 167

03 看到未来，集成化思维带给创业者的增长启示 169

4-4 AI领导：让你当AI的领导，你能"带"好它吗 174

01 领导方案，把AI当作超强执行者 176

02 领导灵感，把AI当作你的"侦察兵"或"智囊团" 180

03 领导价值观，AI能否拥有"人性" 181

4-5 效能放大：工具效能的上限，在于使用者的上限 183

01 同样的工具，不同的使用者决定了产出的差异 183

02 输出效能的上限，在于输入的上限 186

03 我们拥有了AI，就像远古时代的人类拥有了火 189

第五章 组织进化 191

5-1 组织趋势：AI时代，组织的变化和挑战 192

01 未来的组织，应该什么样的 193

02 面对AI时代，你做好改变的准备了吗 195

03 AI时代，用人方式也要随之而变 198

5-2 组织结构：扁平化团队，透明化沟通 201

01 组织结构变得越来越扁平，这是一个必然发生的趋势 202

02 扁平化结构下的团队，应该如何协作 204

03 从细节开始，完成组织结构的迭代和转变 206

5-3 角色颠覆：新工具，会对老板和员工提出新要求 210
　　01 新工具出现，部分劳动力将被替代..............210
　　02 AI时代下，新型人才的必备能力................212
5-4 组织制度：用分享的机制让AI落地..........................220
　　01 尝试用激励的手段，激发大家的意愿................221
　　02 新变化的出现，往往会催生新的职业
　　　　和岗位..223
　　03 帮助AI更好落地......................................224
5-5 组织环境：AI时代，激发创意的工作空间..............227
　　01 创意的环境可以被创造................................228
　　02 利用空间设计激发创意碰撞..........................230
　　03 AI时代下的组织，到底会变成什么样........232

后记..**235**

第一章
CHAPTER ONE

商业洗牌

1-1　商业变革：借助AI，传统服务门店重回巅峰

比起告诉你"怎么用AI"，其实我更想告诉你的是：如果你想从AI商业化中获益，首先你得相信它是未来。

我想，此刻的你一定听到了很多信息，有"AI黑"，有"AI吹"，毕竟只要站上风口，就会获得来自外界的大量关注。如果你能找到在企业里落地AI的方法，在我看来，就赶上了用汽车代替马车的时代。

01　从玩家到行家，罗振宇老师称我为"传统企业里，最会用AI"的人

我用AI取得的商业成果的首次公开展示，是在一个特殊的跨年夜——2023年12月31日。这一天，罗振宇老师的跨年演讲如期举行，现场有近万名观众，屏幕前还有上千万名网友观看。连续9年，罗老师的跨年演讲吸引了无数的企业家、

知识爱好者、各行各业的精英人士。我也是其中之一，而这次演讲，对我尤为特殊。

我提前知道罗老师在跨年演讲中会提到我，这对我来说当然是很大的荣耀。当天，我特意提前和母亲打好招呼，让她一定要与我一同参加这次跨年演讲。她本来买了一张位置相对靠后的票，我软磨硬泡地让我旁边座位的人换了个座位，让我的母亲坐在我的旁边。甚至，我提前和后台负责镜头的工作人员打了声招呼，请他们在罗老师提到我的时候，将镜头切到我的母亲，因为这份荣耀同样归属于她。

那个时候，AI的普及程度远不及今日，虽然人人都在谈论AI，但话题往往围绕大模型、多模态、算法、算力……对我而言，这些都显得有点儿抽象。作为一名创业者，我最先考虑的是：它究竟能为我带来什么？能给我的企业创造什么价值？如何从实际应用的角度挖掘其潜在的价值？具体该如何操作？……

罗老师在跨年演讲中，分享了我如何在企业落地AI，其中一个典型案例就是利用AI为到店顾客创作藏头诗。其实，在AI技术普及之前，网上已有大量生成藏头诗的网站。那么我做的事是新瓶装旧酒吗？

网上生成藏头诗与AI创作藏头诗最大的区别在于，AI创作可以定制。例如，顾客到店时，创作藏头诗来祝福顾客变美、变健康……这种做法的商业价值在于，不仅提升了顾客的体验，还能激发顾客自发分享到朋友圈的行为，从而为我们提升品牌声量，吸引更多的顾客，如图1.1所示。

图1.1

最初我跟母亲提出想独立从事AI创业，她是不同意的。但在听完罗老师关于AI的深入分享，特别是听到罗老师在台上对我所做事情的肯定后，母亲的态度发生了转变。她开始意识到，AI创业不是噱头，而是能够真正充分发挥我的经验和优势的领域。

说到我和AI的渊源，还要追溯到2023年5月20日母亲的婚礼。她的新婚丈夫是一位美籍阿拉伯人，来自一个有着六代传承的贵族家庭。按照男方的传统，婚礼必须有女方长辈在场并担任监护人和证婚人。但是我姥爷已经离世30年，而我作为儿子担任这一角色又不合适。

在这种困境下，我的好朋友马兵给我出了一个主意：用AI"复活"我姥爷。恰逢那段时间OpenAI、Midjourney等技术大热，我借助D-IDAI视频创作技术，成功实现了这个想法。在婚礼现场，大屏幕上的姥爷为母亲送上了一段跨越时空的祝福。这个特别的时刻对我母亲和我都意义非凡。

如今，母亲终于支持我全力研究和推广AI的商业化应用，因为她看到了AI的力量。正如罗老师在跨年演讲中提到的：AI不是简单的降本增效，而是让原来不可能的事情变得可能。这让我更加坚定了从事AI创业的信心，也让我相信，AI能够帮助更多人实现看似不可能的梦想。

02　每个普通人都能上手的AI应用，就是让它成为你的教练

你可能会好奇，我是如何从一个AI玩家转变为AI商业化落地者的？

这个转变的灵感来自得到App上的一个插件"练练"。它原本是"脱不花沟通训练营"的一部分，通过在线对话、练习和反馈，帮助学员巩固所学知识，比如如何做好汇报、竞

聘演讲等。我突发奇想，能否让AI承担这种精准反馈的角色呢？比如，在销售场景中，能否对每位员工的销售过程进行细致反馈；在培训场景中，能否给每位员工配上随时反馈、随时练习的虚拟督导……

于是，我开始着手实践。坦率地说，这个过程远比我想象中的要复杂。有人是AI乐观派，认为AI能带来巨大的帮助；也有人是AI悲观派，觉得AI没有什么用处；甚至，还有人过度解读AI，害怕它取代人类，极力阻挠。当时，劝我放弃的声音不绝于耳。

但我选择迈出第一步——先干起来。作为初入AI领域的人，我是幸运的，一开始就得到了快刀青衣老师、清华大学经济管理学院李宁教授、秒针营销科学院谭北平院长等AI领域专业人士的支持。

即便如此，困难仍然接踵而至。因为很多技能是只可意会不可言传的，比如销售冠军所具备的微笑、共情能力、同理心等。如何让AI学会这些人类的智慧，是每一个接触AI的人都需要面对的最大命题。

罗老师在他的跨年演讲中评价我是"最会用AI"的人，从实际成果来看，我确实取得了一些成绩。我一直在思考公司的哪些场景可以用上AI，如何将AI用到极致，它能够给公司带来多大的价值。正如罗老师所说，只要把场景"切"得足够细，就能够找到AI的应用空间。

在深圳市百丽雅美容有限公司[1]的第一阶段实践中，有397人参与。通过AI赋能，公司业绩不仅恢复到疫情之前的巅峰水平，还在深圳新开了5家直营门店。在后续的持续应用中，公司连续5个月的单月新客量都相当于过去一年的新客量；主力消费群体也从40～60岁转变为25～45岁。截至2024年5月31日，公司整体营收同比增长超过30%。

在AI智能体实施数月后，我们对公司的人力资源进行了结构性优化，以确保团队能够更好地与AI协同工作。在这个过程中，我们对172位无法适应AI协作的员工进行了岗位调整，同时保留了225位员工。这样的调整是否意味着业绩下降呢？事实恰恰相反，公司现在一个月的新客量已经与过去一整年的新客量相当。业绩的提升不仅增强了品牌力，也使员工的收入得到了显著提高。

后来，我和公司的高管们一起复盘了这次优化，发现一部分员工并不是被AI淘汰的，而是被那些更擅长使用AI的员工所替代了。

以前，公司发布一张美容邀约图，需要一位文案人员创作内容，一位美工做设计，一位总部工作人员负责上传下达，美容师向顾客发送完邀约后，必要时还要安排一位督导确认执行是否到位。

---

[1] 深圳市百丽雅美容有限公司从美容向大健康领域延伸，集生活美容、医疗美容、健康管理、生物科技及教育事业为一体，旗下拥有直营高端美容会所8家、高端医疗机构4家。

假设顾客来到店里，美容师完成服务后，想要给顾客推荐更多项目，这时还需要引入一位专业的美容销售顾问。如果人员安排不过来，美容师可能还要等销售顾问有空，在此之前美容师需要和顾客做一些形式上的互动。而现在，一位美容师就可以完成以上几个工作岗位甚至更多工作岗位的任务，这个变化正是来自AI智能体的赋能。

这样的场景还有很多。在百丽雅，一位美容师也是一位专业的文案顾问，同时具备技术、升单、拓客、设计等能力。一位美容师就是一个超级个体。

这样的场景在我的合作伙伴公司已成为常态。这段时间，我全身心投入其中，平均两三天换一个城市，真没想到自己以这种方式走遍了祖国的大好河山。我帮助了50多位合作伙伴完成企业的AI转型，其中至少80%的合作伙伴实现了企业营收翻倍，我还带领了3万多人参与AI效能提升。

当我们谈起AI的时候，很多人会认为它是一种颠覆性的技术，或者想象它能通过一句话生成一段堪比好莱坞大片的60秒视频。但作为创业者，我更在乎AI是否能够落地。我时刻思考的是，AI如何帮助我们这些做生意、经营企业的人实现商业目标。

因此，在这本书中，我不会以概括性的言论向你介绍AI的发展历程，也不会以导游的身份带你领略AI带来的变化。我更想以一个企业经营者和管理者的身份告诉你如何借助AI探索企业增长的更多可能性。

很多时候，老板们会面临一个局面：公司最厉害的销售，要么是老板本人，要么是销售冠军。这两种情况在过去都极为稀缺且难以复制。即便可以复制，成本也一定很高。比如，作为老板，如果你愿意花100小时培养一个人，大概率能把他培养出来。只要让他跟着你去谈客户，带着他不断复盘，一句一句地教，哪怕是一个资质很平庸的销售人员，也有可能变得特别优秀。

但难点在于，在大多数情况下，你没有那么多时间去教。即便培养出来了，人员流动也可能导致经验和心血付诸东流。因此，许多核心技能在过去只通过血缘关系传承，而不外传，这背后是有特定原因的。

另一种方式是，把人招进来，用最普通的培训方式让他们自然成长。如果有爱学习、悟性高的员工，或许能误打误撞地成长起来。所以你会发现，培养一个销售冠军的难点并不在于技术，而在于需要倾注极大的心血和成本。如果能将倾注心血和成本的过程提炼出来，让AI来承担，不再依赖人本身，是不是就可以突破投入精力、流失风险和成果复制的困境？

过去半年，我们就做了这样的尝试。我的公司属于美容行业，业务场景中最多的是交付服务和销售产品。因此，我们试着将与产品介绍相关的话术全部教给AI，让AI具备一个最核心的能力——提问。它扮演着一位真实的顾客，不断地向我们的销售人员和服务人员提问，然后根据员工的回答给出评分和反馈建议。

说实话，一开始我们抱着试试看的心态。毕竟在我的公司里，通过培训师和督导传授经验的方式已经实行了30年。但引入AI工具后，员工效率得到了显著提升，业绩也获得了稳步增长。

在5个月的时间里，我们有160位员工参与其中，AI工具的总使用时长接近1000小时，累计进行了13 000多次练习。结果令人惊喜，成交转化率翻了1.65倍，员工的平均绩效提升了4500元。这些数据是清华大学经济管理学院的李宁教授对公司进行了半年数据追踪后，通过双重差分法得出的精准数据。

03　将唯一的销售冠军复制成一支销售军队，是每个AI赋能企业可以预见的未来

以前每个月只能销售两三单的产品，几个月后，每个月能销售30多单，峰值时甚至一天可以卖出8单。为什么这件事超出了我的预期？还要从产品本身说起，这款产品叫"璀璨之谜"，是一款高端牙齿美容类产品。

这款产品的第一个特别之处在于，它需要顾客克服极大的心理障碍。虽然整个过程在生理上几乎没有疼痛，但听起来可能让人望而却步：需要先纯手工打磨顾客原有的牙齿，再将人工制作的工艺品式的贴片贴到原生牙齿上，从而让顾客拥有一口整齐、洁白的牙齿。

第二个特别之处在于，它的价格非常昂贵。一般来说，市场上同品类的项目均价在10多万元，但是"璀璨之谜"的价格高达30万元。我们敢于定价这么高，是因为这款产品确实物有所值。从来没有一家牙科医院能把牙齿做成艺术品，而"璀璨之谜"做到了。我们都知道，每颗牙齿都有独一无二的纹路，"璀璨之谜"甚至会精细到复制牙齿的纹路，做出的牙齿与自然牙无差别。

说实话，这款产品只有百丽雅的潘医生能卖出去，因为他拥有4个牙科专利，有20多年的从业经历，凭借身份和专业背景打动顾客对他来说轻而易举。对于这么高的客单价，我们从未想过普通销售人员能推销成功。然而，现在我们借助AI将潘医生的能力复制给了一支销售军队，让每个销售人员的能力都得到了快速提升，全公司上下充满了战斗的决心。

在下一节中，我会详细讲解如何将唯一的销售冠军复制成一支销售军队的方法，让你的团队也能快速拥有业绩倍增的能力。

1-2　能力重塑：将销售能力算法化，打造一支销售军队

如果能让你的公司复制出10个、100个销售冠军，你是不是很心动？

在上一节中，我分享了我们公司如何把唯一的潘医生复制成了一支销售军队，30万元客单价的产品月均销售量提升了10倍。结果固然让人惊喜，但相比而言，我们更看重得到这个结果的过程，只有把这一过程拆解成可执行的详细步骤，才能真切地帮助到销售人员。

所以，在本节中，我将带你剖析复制潘医生能力背后的算法，帮助你在自己的企业中借助AI实现业绩增长。

01　能复制100个潘医生的关键：将抽象的经验能力算法化

回顾潘医生的成功案例，你会发现，如果真的要用AI复制潘医生，第一个关键步骤是，做一个判断——哪些特质可以复制，哪些特质无法复制，比如外貌、资历、身份等，这些无疑是潘医生的天然优势，普通人很难习得。

但好的是，销售技能方面，比如对顾客类型的了解、和顾客对话的状态、对每个问题背后心理的洞察等特质都是可以总结成经验，当成训练数据"喂给"AI的。

那么，下一个关键步骤来了，如何将人与人之间抽象的能力描述转换成AI能读懂的内容呢？比如说话自信、语气坚定、对话从容……这些听起来很难让AI理解并学习，但只要你能把以上能力特质再拆细一层，就可以实现了。

以"说话自信"为例，回忆一下，一个说话自信的人是什么样的？语速稳定、表达干脆（少用语气词）、音调略微上扬……看吧，一个"自信"的特质被拆分成了多个具体的标准。有了这些标准，就能把经验和能力教给AI。

具体怎么操作呢？大部分人对自己说话的状态是感觉不到的，而AI可以帮助你。例如，语速可以通过每分钟的吐字数量来衡量；而该怎么减少冗余词、语气词呢？我们可以框定一些范围，例如"嗯""啊""这是""是吧"……减少这些词出现的次数，就能显得更坚定自信。

借助AI，我们可以把吐字数量、冗余词等记录下来，再计算出其规律，从而反向推导出一个人讲话的自信状态，并提供反馈建议和指导。通过这种方式，AI可以为每一位普通员工提供针对"璀璨之谜"这款产品的全新训练。

培训方式的转变，让越来越多原本不可能发生的转变正在悄然发生。

潘医生能力拆解具体的算法如图1.2所示。萃取潘医生的能力和经验的全过程、所有步骤，我也会在第三章、第四章中详细介绍。

图1.2

几个月前的一天，我正在开会，手机传来一阵一阵的震动。本以为是有急事找我，打开手机一看，原来是工作群里一连串的鲜花和掌声刷了屏。再往上滑，终于找到了缘由：一位意料之外的员工成功签单"璀璨之谜"。

有多么意料之外呢？这位员工并不是牙科出身，一个月前才从前台转岗成为美容师，可以说她一开始对产品几乎一无所知；她说话有点儿口音，平时也不多言，销售业绩一直平平无奇。

那么奇迹为何会发生呢？后来，我翻看了后台AI训练的员工数据，找到了答案。仅她一个人，半个月内就"璀璨之谜"这个项目，练习了40小时。40小时背后藏着一个真相：她能成功签单"璀璨之谜"并非奇迹，而是必然。

作为企业内部的AI商业化落地者，我感到无比兴奋，因为AI真正为每一位普通员工带来了极大的帮助。更重要的是，这件事让我看到了希望。回想起刚刚开始推行AI落地时，我一头雾水，不知道怎么将一个个成功的案例、优秀的样本"喂给"AI，再让AI帮助员工、助力企业。

人类智慧与AI结合的设想，在最初简直是我的白日梦。后来，我们尝试将业务场景拆解成一个个动作和片段，把经验层层拆解，提炼出关键要素……其中的阻力、解决方案、思考与顿悟，也是我在本书中想继续跟每一位愿意尝试AI的读者继续探讨的内容。

02　当稀缺能力可以被复制时，个性化能力将实现规模化

如果每家企业里像潘医生这样的销售冠军都可以被复制，除了业绩提升，对企业来说还意味着什么？

> 2023年，口红一哥李佳琦遭遇舆论风暴。在他的直播间，一位粉丝评论说："79块钱的眉笔有些贵。"对此，李佳琦回答道：
>
> 哪里贵了？不要睁着眼睛乱说，国货品牌很难的。
>
> 有时候找找自己的原因，这么多年了工资涨没涨，有没有认真工作？

这段回应瞬间在网上引发了轩然大波，铺天盖地的讽刺段子迅速传播。知名博主、大咖纷纷加入讨论，分析李佳琦的言论给品牌带来的影响，也有人指出他不应该这样"教育"消费者。想必大家对此事都有所耳闻。

为什么我讲AI时要拿这件事举例？或者换个问法：李佳琦为何敢这么狂妄，谁给了他胆量？有人说是因为他赚得多，不用再辛苦地卖货；也有人说他变了，变成了资本家，和消费者对立了。其实，背后真正的原因是他不可复制的稀缺能力——和潘医生一样。

同样的话术、同样的稿子，拿给李佳琦和董宇辉播就能火，但拿给普通人就不行。所以，花西子愿意将近乎一半的利润分给李佳琦。所以，哪怕是新东方副总裁的位置，也留不住

董宇辉。甚至有人说，MCN公司最稳定的主播合作模式，是夫妻关系。由此可见，要复制一名优秀的主播有多难。

背后的原因有很多，其中一种心态可能是担心"教会徒弟饿死师傅"。如果老板自己就是主播，大概率会选择挑一个机灵的副播来辅助，没必要费劲儿去教一个新人。当然，也有人会想到AI数字人，数字人在未来或许能有所发展，但就目前而言，确实还差得远。

那该怎么办？我的做法是，将优秀主播的案例"喂给"AI，剖析核心样本，把每一个业务场景拆分得足够细，从而将这些能力算法化。例如，提炼优秀主播的特点，如语速、语调等，将这些数据"喂给"AI。同时，让AI扮演真实用户，并与实习主播互动，对实习主播的回答和表现进行教练式的精准反馈。

今天，想变成董宇辉几乎是不可能的。但如果是让一个月薪1万元的销售人员成长为一个月薪10万元的销售人员呢？我正在尝试。

我的一位客户，玺佳手表的创始人张建明，是首位荣获"表界奥斯卡"殊荣的中国人。2021年，玺佳"蓝色星球"腕表成为首个荣获钟表界奥斯卡"日内瓦钟表大赏"的中国品牌。同年，玺佳手表被德国iF奖评为2017—2021年手表/珠宝类目全球TOP3，仅次于苹果，与宝格丽并列第二，被业界誉为"中国工业设计产品在国际设计奖上获得的最佳成就"。

玺佳手表一直以设计见长，但也遇到过两个尴尬的情况。

1. 普通主播、销售人员很难像创始人张总那样饱含激情地介绍产品。
2. 设计的巧思很难通过直播的方式传递给观众。

如何让好设计迅速变成销售卖点？这让玺佳手表一直很头疼。跟玺佳手表的工作人员沟通后，我们找到了一个突破口：把玺佳手表的产品知识、设计理念及过往直播间观众的问题都先"喂给"AI，然后让AI用提问的方式去培训他们的主播。仅仅经过几天的训练，玺佳手表的主播就能对每一款产品对答如流了。

"对答如流"这4个字听起来简单，但背后其实是对客户产生的任何疑虑都能提前预判和及时反馈，而这正是借助AI工具反复练习的效果。由于合作的商业约定，我无法在这里展示具体的成交数据。

不论是玺佳手表还是百丽雅，都经历了一场大规模的能力体系变革。过去，如果想复制像潘医生这样的能力几乎是不可能的，但今天，AI让这一切成为现实。潘医生本人也乐见其成，AI技术不仅复制了他的经验、能力、优势，还让他能将更多的精力投入技术的研发和产品的革新中。

03 AI引领行业变革，要么入局，要么出局

我相信很多公司的管理者和经营者每天思考的问题和我一样：

> 今天的商业世界发生了哪些变化？
> 我是否有可能投入极少的资源去撬动一个关键环节？
> 有哪些信息，如果我错过，可能会面临风险？

每当我想到有些关键环节可能会影响企业的生死存亡时，就会联想到二战时期的坦克。为什么二战中坦克的地位如此重要？因为它的出现彻底改变了传统的战争模式。坦克在战场上提供了移动的火力和装甲保护，使部队能够快速穿越战场，突破敌方防线。敌方在还没反应过来的时候，就被突然的、大范围的机动作战击败了。这种机动性和火力的结合，在过去是难以想象的。

对于人类来说，这是一次重要的技术变革，而那些未能跟上技术变革的国家，在战争中惨遭重创。那么，今天商业战场上的"坦克"是什么呢？在我看来，就是AI。

这一轮AI变革，例如由AI辅助的全员营销，就好比竞争对手的军队中全是步兵，而你拥有无人机轰炸技术。当AI可以帮助你为每一位顾客做个性化的产品或项目解决方案时，这就好比打牌，你能看到对手的底牌；又好比在玩"吃鸡"游戏时，你拥有自动瞄准的外挂，而你的竞争对手却一无所知，只会傻傻地夸你厉害；又好比在玩"狼人杀"时，一发牌你就知道谁是狼、谁是神。

为什么我要用这4个类比呢？因为我希望，不管你的年龄多大，你的兴趣爱好是什么，都能理解我想表达的意思。另外，在你的企业应用了AI技术后，除非有招商加盟的需求，否则完全没必要向客户宣传你拥有AI技术。你在战场上很厉害，让你的客户觉得你很强,只要客户本身的体验好,这就够了。

拥有AI技术的企业,就像拥有了坦克的军队。坦克改变了当时的战局,AI技术也正在重新洗牌今天的商业战场。当一个行业变得人人都能进入时,行业门槛自然会降低。那些自视清高、不思变革、不会用新技术的人,最终会被淘汰出局。我认为,我们应该像军事战略家一样,时刻保持警觉,感知市场的每一次变化。

我坚信,AI技术将引领接下来的技术变革。这不仅是一种简单的技术应用,更是企业战略升级下的全新打法。

1-3　结构颠覆：以前招聘是最优解，现在培养是最优解

过去半年间，我不仅将AI赋能百丽雅的模式成功复制给玺佳手表，还拓展至美容、大健康、保险、互联网等多个行业，帮助这些企业高效地培训新手小白和普通员工。

如今，我们意识到，相比招聘，培养员工才是最优解。通过AI赋能的培训，我们正在见证一场新的商业变革。你是否也准备好加入这场变革，开启新的征程呢？

01　AI正在酝酿一场商业变革，过去不可能发生的事情正在发生

2024年3月，朗健集团旗下的根本健康成为我的AI智能体合作伙伴。创始人毕文宝对我说，他希望通过AI智能体颠覆整个大健康赛道的招商模式。根本健康推出了一种新型的体重管理方式，将从日本引进的先进技术手段应用于自家门诊。

新冠疫情结束之后，他们开始整合资源，试图迅速拓展加盟业务。然而，在后疫情时代，加盟业务因流量市场的混乱而被污名化，甚至与"割韭菜"联系在一起。为什么会这样呢？加盟的本质是，品牌方提供成熟的方法、经验、产品和服务流程等一系列知识体系，加盟商则贡献人脉资源、优质场地，并承担一定的前期投入成本，比如选址、装修等。基于品牌方的经验和加盟商的投入，大家共同盈利。

这本是一桩符合商业逻辑的好生意，但现在却频繁出现问题。很多公司为了吸引加盟商，故意夸大其词，声称自己有经验、有方法，实则没有，加盟商交了加盟费之后才发现一无所获。还有一些公司虽然有经验，但经验不够完善，无法实现批量化。如果一家公司仅有两位非常优秀的督导和讲师，那在同时面对10家以上的加盟商时就无法同时提供服务，只会手忙脚乱。

回到毕总一开始说的那句话，他是否真的能够通过AI智能体颠覆大健康赛道的招商模式？在我们合作的第一个月，根本健康一次性邀请了487家潜在合作方，其中150多家成为他们的联营商。这样的事情在过去几乎是不可能发生的。为什么呢？过去招商的落地方式是：公司需要一次性招聘大量护士、内科大夫、产品销售人员等各岗位的员工，有了足够多的人，品牌才敢开展连锁经营。医生的专业度不用怀疑，但销售却并非他们的强项。

然而，根本健康的业务模式中，产品销售与专业度极度相关，需要专业的医护人员具备共情力、同理心，以及适时的促单能力。这对医护人员来说，是一个巨大的挑战。因为要让他们学会销售，首先要攻克心理障碍，然后再逐步提升销售技能。同时，原本只负责销售的员工也需要具备对复杂产品的了解能力，在销售过程中消除客户的疑虑。这并非一朝一夕通过上课、看书就能学会的。在这种业务模式下，不管是对于医生还是销售人员来说，迈出第一步都是最难的。

迈出第一步的关键在于大量的练习机会，尤其是市场提供的试错机会。很多事情如果没有经历过，就很难相信自己能够做到。长期以来，无法大量招聘合适的人才、无法让员工快速跨岗位获取能力，成为很多行业规模化发展中的瓶颈。即便是普通的加盟，也很难实现经验的批量化复制，更不用说根本健康所在的这样专业壁垒高、产品复杂度高的行业了。

我们与根本健康的合作借助"练练"平台，将所有督导经验和专业知识转化为标准化的流程，用AI代替人力进行批量化培训。我们给联营商提供精彩的话术，建立了行业知识库和真实问题库，让大量普通员工和专岗员工进行真实情景的交互式模拟练习。

通过这种方式，根本健康借助AI技术跨越了批量培养人才的困境，使一场招商活动签约150多家联营商的商业成果成为现实。批量培养人才的背后，是人力成本的大量缩减。招商完成后，我们继续跟进根本健康的联营商落地工作。

一般来说，成熟的加盟体系可能需要上百人的督导团队。但在根本健康，不到5个人就完成了这项工作。这种效率奇迹不仅出现在百丽雅员工身上，也在根本健康实现了。这说明，通过复制潘医生能力的方式，复制无数个能够促成销售的医生型销售或销售型医生已经不再是难事。

随着规模的扩张和营收的增长，那些原本被认为难以批量化复制的加盟业务，借助AI突破了发展困境，一场商业变革正在悄然发生。

02　大幅压缩培训成本，AI让每一次培训都可以做到"千人千面"

如果AI对根本健康的赋能体现在对外加盟模式的迅速起量上，那么对于那些大量依赖人力的传统行业，AI则带来了更多的惊喜。

在我们与老牌保险公司——中国人保（中国人民保险）刚刚达成合作的时候，人保财险研修院副院长周欢曾表示，这套AI工具正在改变保险行业的人才引进和培养方式，甚至可能会颠覆保险行业十几年来的传统模式。这对我们来说是极大的鼓舞，因为我们一直以来坚信的事情，如今被更多的人认可。也正是由于越来越多伙伴的认可，今天，我可以在本书中大胆地与你分享一个观点：在AI时代，对于组织而言，培养人才的成本要低于筛选成本。

拿中国人保来说，借助AI，我们将新人培训周期平均缩短了37.5%，从原本每期8天降至5天；新人的管理时长平均缩短了67%，从原本每人每天30分钟降至10分钟；新人的产能平均增长了30%，从原来的每月4万元提升至5.2万元。这些数据是清华大学经济管理学院跟踪得到的。

要知道，过去保险行业一直通过"大浪淘沙"的方式，用高频筛选来寻找有潜质的保险代理人和经纪人。由于保险行业的利润率非常可观，因此公司愿意在人力上投入大量成本。然而，如果你深入了解这个行业，就会发现，保险新人进入公司后一般有两条职业路径：一条是不断晋升，成为一名合格的保险从业者；另一条是因能力不足被公司淘汰。每招聘一位员工，公司就需要为其投入巨大的成本，包括招聘成本、培训成本、管理成本等。

AI的出现改变了这一切。

这一切是如何实现的呢？以中国人保为例，过去由于同期有大量的人员需要培训，因此公司通常会将人员集中在一起进行培训。我们知道，通过人力集中培训，几乎不可能做到个性化反馈。即便是一位在培训岗位上深耕多年、经验丰富的培训师，也很难在面对新老学员时做到不同维度的反馈。比如，在讲解理念时，反馈理念相关内容；在讲解团队时，反馈团队相关内容；在讲解产品时，从产品角度进行反馈；在介绍公司时，可采用很多种方法进行反馈……同时要回应不同学员的疑问，能做到这样全面反馈的培训师少之又少。

然而，借助AI，当员工在"练练"平台上进行培训、练习之后，给出自己的答案，AI可以通过多种角度、不同的反馈模型实现个性化反馈，真正做到"千人千面"。这相当于给每一位员工都配备了一个随时随地提供专业反馈的教练或领导。

03　除了提升效率，AI为培训带来了更大的稳定性和更多的可能性

如果只是提升培训效率，那就大大低估了AI的价值。对于那些高度依赖培训的公司而言，培训师的状态直接影响培训效果，而AI，就是那个可以一直保持最佳状态的教练，几乎不会受境况、情绪的任何影响。

所以，AI消除了时间、空间和情绪对培训的限制，而这些在过往一直是企业的痛点。 中国人保真正尝到了AI带来的红利，前端招聘和内部培训的支出大幅减少，内部资源得以投入更具潜力的领域。中国人保主管人力资源的朋友对我说："坤总，你知道吗？原本我总觉得留下来的都是那些口齿伶俐的人。但现在借助AI，我们筛选出了那些看似木讷、实则思维敏捷的员工。"

你会发现，AI不仅提升了培训效能，还让不同水平的普

通员工拥有了快速提升能力的可能性和底气，最大程度上优化了企业的人才结构。他还补充道："过去我们的培训方法不够科学，浪费了很多原本可以表现很好的人才。多亏了AI，我们找到了更适合每个人的训练方式。"

听到他这么说，我深感欣慰。我们开发的AI工具和理念不仅为公司节约了成本，还为每个人争取到了更多的机会，让他们能够发挥真正的价值，实现个性化的职业发展。当这种颠覆性的工具出现时，总会有先行者率先使用它。

这就好比二战中使用坦克的一方，实现了实实在在的降维打击。当然颠覆性工具的出现，总会带来变革，同时会面临质疑。谁能够率先"驯化"这些先进工具，谁就能获得最早的巨大红利，甚至能够一举改变竞争格局，迅速成为胜利者。

如果你的企业正处于商业增长阶段，急需快速复制经验、批量提升基础员工的能力，比如在加盟、保险等需要重人力投入、重服务、难以复制顶级人才的行业，那么AI将是你的不二之选。

好消息是，在未来的AI时代，每一个这样的行业里都蕴含着巨大的效能提升机会。

1-4 服务迭代：从传统接待到AI赋能的个性化体验

百丽雅经营了33年，每天进入门店的顾客形形色色。她可能是一位地方官员、一位公众人物、一位全职太太、一位职场精英，或者是一位网红……每一位顾客进门，我们都有不同的接待方式。

那么，这套方式是怎么落地的？在这样高端的服务场景中，这种服务理念是怎样被每一位员工植入自己的行为模式的？在本节中，我会毫无保留地分享给你。

前面几节，我们列举了AI可以应用的一些场景，比如销售场景、直播场景、培训场景。如果根据单个业务场景与你分享AI的商业化落地，那不是我在本书中能够详细阐述的。所以，在本节中，我将从另一个维度拆解，让你对AI的多层次商业化应用一目了然。

01　能力层面，AI助力高端服务，让顾客感觉更好

如果今天你要去一家高端服务场所，你会希望得到什么样的服务？也许，你希望服务人员多和你聊聊天；也许，你希望完全不被打扰。这背后透露出的就是顾客的"千人千面"。一个好的服务体系，一定是根据不同客户的类型，选择差异化的方式来提供服务的。

在接入AI后，服务型公司如何提升定制化服务的效率呢？以百丽雅为例，公司有4套接待模型，每一套模型都对应了不同的人群。

第一套，针对全职太太，服务她们的核心在于——给足仪式感。 从她们进门的那一刻起，美容师就要热情接待，说："姐，我可想死你了……"顾客平常为了家庭、丈夫和孩子付出了很多，需要足够的情绪价值。

第二套，针对职场精英，服务他们的核心在于——给足确定性。 当他们进店时，就要进行标准化的问候："姐（哥），你好，请喝茶。"而且肢体语言也必须标准化。他们是专业而飒爽的，当然希望服务他们的人也是如此。

第三套，针对政府领导、公众人物、明星等人群，服务他们的核心在于——无干扰服务。 美容师即便认出了他们，也需要假装不认识。在倒完茶水后，将茶水放到顾客面前，

面对着人后退两步，表现得越憨厚越好。所以表现得越憨厚，越能让顾客感到喜欢和安全。

当我们这样做时，他们内心一般有两种声音。

1. 一种是："咦，他不认识我吗？"
2. 另一种是："他认识我，但他不想打扰我。"

而我们想要达到的是第二种服务效果，因为风险最小。

第四套，针对网红、富二代等，服务他们的核心在于——托起式服务。通俗地说，要多请教这样的人，还要给予他们带着敬佩的肯定。比如，"姐，你在穿搭上太专业了，你每一条视频都好好看，你是怎么做到的？"在互动的过程中，要把公司的价值观融入进去，让他们不仅美得安心，在享受服务的过程中也能安心。这类人群有一个普遍特点，只关心自己感兴趣的事情，所以聊他们熟悉的内容，让他们轻松地输出，再给予他们足够的认同和支持，就可以让他们感受到舒适和安全。

你看，面对不同模型的人群，服务话术和接待流程完全不一样。百丽雅的员工需要熟练掌握4种服务模型，才能够随机应变。但在现实工作中，单靠传统的培养模式，想要做到"随机应变"是非常困难的。因为过去，我们只让员工背话术、背流程，这种方法最大的卡点在于，员工背了固定的模板，但顾客大概率不会按照话术模板提问。

> 那么，如何做到"随机应变"？

这就要说到如何用AI赋能了——AI可以从大数据集推演到小数据集。比如，我们今天要找有消费能力的顾客群体：买车、买包的人群画像，属于大数据库；进美容院的人群画像，属于小数据库。这二者之间就可以产生推演关系。通过大数据库中的人群画像，提取出一些共性特征，应用在美容行业的客户分类上。在AI培训美容行业员工的时候，就可以依赖大数据库的样本，为接受培训的员工提供个性化、定制化的模拟场景。例如，一位对包包价格敏感的顾客，在购买商品时提出的质疑在一定程度上可以成为美容行业成交的训练素材，以此类推，这样就可以让员工获得更全面的服务模型培训。

在"千人千面"上，AI训练出的"随机应变"和人力所培训的，一定不在一个量级上。AI可以根据每一位到店顾客的到店项目、性格特征、职业背景等，自动生成服务方案。在顾客到店之前，这份方案已经给到员工手里，相当于员工拿着答案来应对接下来面临的场景。这就是员工可以在各种场合、面向各类顾客时，都能随时以高标准来提升顾客全流程体验的原因。

02　动作层面，AI助力实现终端接流

除了服务，对于大多数公司而言，最轻量化的AI应用尝试是实现终端接流。特别是在这个流量时代，如何承接流

量，是很多公司业务线中的重点。

用大白话说，如果一家新媒体公司在前端辛辛苦苦"搞"流量，但流量进入之后，无法精准、迅速地接住流量，没办法及时回应潜在客户的需求，那也是白费工夫。承接流量，在过去普遍的方法是"堆人力"，极度依赖接流人员的能力和素质。接流量的人力够不够，接的人靠不靠谱，用什么样的方法、话术接流量……这些都是需要思考的问题。

我有一个朋友，在抖音上拥有千万粉丝，有一次他的直播爆了，一夜之间涌入了几万条线索，是平常的10多倍。当时他们公司都懵了，线索来了是好事，问题是谁来接，怎么接？哪怕全公司200多位员工全转岗做客服，哪怕24小时不休息，这批客户也接不完。可想而知，这次爆单，因为接流体系不完善，成了一个虎头蛇尾的故事。

如果那时，他们借助AI，估计会获得另一个结果。公司可以不依赖人员数量、人员状态，随时随地承接流量，只需设置自动化流程、标准话术，在流量进入之后，就可以做到"千人千面"的承接了。

当然，其中有一些细节需要注意，比如，面对不同类型的客户，如何建立第一印象？如何用提问的方式挖掘潜在需求？如何根据需求，有针对性地推荐产品……这些都可以在AI赋能接流的动作层面上进一步打磨。这也是AI客服与自动回复机器人之间的关键区别。

03　思考层面，AI助力你完成基础决策

除了能力和动作层面，AI赋能还有更高层次的应用——思考层面的决策。大部分这样的应用存在于一些大规模的企业中。

听到AI能够做决策，你可能觉得诧异。确实，从过往的经验来看，没有什么能代替人做出决策。因为决策这件事可太复杂了，它需要你对背景信息、企业商业模式、市场趋势等规律极为了解，对数据的把控和对未来的预测都要具备足够丰富的经验。这也是为什么企业的决策层一般都是高价值岗位。

以我的合作伙伴Laurèl为例，它是服装行业的头部品牌。服装行业特别注重对库存的把控，因为当前季度的服装几个月后可能就过时了，时间一久，可能连清仓都卖不出去。

AI在其中进行了两方面的赋能。

> 第一，训练导购的销售动作，让导购对品牌想要推广的款式做进一步引导。
> 第二，加强导购对产品的了解程度，使导购能够瞬间响应任何一件衣服的面料优势、设计优势和对顾客的益处。

为了更好地帮助导购，嫁接到Laurèl的AI智能体是以月为单位来更新数据库的，以保障导购获取信息的实时性。有偏向性的引导加上对产品足够了解所带来的高成交率，直接解决了服装行业最头疼的库存问题。

我坚信，在未来，AI对企业商业决策的关键节点赋能，一定能越来越精准。

在我看来，AI应用维度有3层思考：动作层、高端服务层、最高决策层。我们可以发现，AI对于商业化的赋能程度在逐步上升，从复制简单的动作到"千人千面"的反馈、随机应变，再到决策层面，提供专业、权威的分析并进行决策引导。

那么，你的公司可以从哪个维度使用AI呢？我更想跟你说的是，不管是哪个层面的应用，没有高低贵贱之分，只有合适与否的区别。而且，AI的应用也不一定是单一维度的，根据你业务的具体情况，你可以在3个维度上叠加应用，甚至在未来你可以开发更新的应用维度，这也是非常有可能的。

在本书的前4节里，我跟你分享了各行各业的AI应用案例，以及AI给商业带来的改变。在第一章的最后一节中，我想跟你分享：如果你也想快速享受到AI的赋能，在AI商业化赋能的起跑线上抢跑，最应该提前做好什么样的准备。

1-5 效率提升：用好AI之前，老板必须做好公司的知识沉淀

第一章的内容即将结束，此时此刻的你，对AI带来的商业变革一定有了更多的感知。下一步，你需要解决的关键问题是：在企业里，到底要怎么用好AI？

有的人可能在迈入技术门槛前就开始退缩了，但其实，抛开技术层面，AI商业化落地更重要的是，做好自己公司的知识沉淀。这是快速应用AI的关键，也是用好AI的前提条件。

接下来，我会围绕为什么知识沉淀如此重要，以及怎么做好企业的知识沉淀展开，帮助你在你的企业中为AI落地打好基础。

01 空降继承者：通过知识沉淀找到接班突破口，为AI时代的快速转型做好铺垫

在开始这部分内容之前，我想向你分享一个可能是我工

作十几年来最大的一次挑战。2012年，我回国从事青少年教育相关工作；2016年，我开始接手百丽雅，百丽雅算是家族企业，我是作为继承者接手的。

接手百丽雅后，我面临的实际情况是，公司有400多位员工，其中60多位工作了15年以上。很多高管都是以前送我上下学的长辈，甚至其中3位帮我开过家长会，2位还看过我穿开裆裤。今天，我身为他们的总经理，怎样才能在他们面前树立权威呢？以前见面打招呼，他们喊我"坤儿"，现在怎么用新的身份跟他们建立关系，更好地推进工作，是我面临的难题。

那么，我该怎么开展工作呢？我们公司有一个规矩，新进公司的员工都要从基础工作做起。但作为一位男士，在百丽雅做美容行业的基础工作有些说不过去。于是，我决定从做徒弟和打扫卫生开始。我谦虚地向公司高管们请教，甚至亲自拜公司里的老员工为师傅。我们公司有一个传统，徒弟要给师傅洗脚。我没有让自己成为例外，也给我的师傅们洗了脚。因为我继承者的特殊身份，刚开始的时候很多人都不相信我，甚至觉得我在作秀。

这样的怀疑持续了2个月，可能是看我这个小伙子实在执着，在我一番虚心的请教、问候，与我朝夕相处之后，师傅们逐渐放下了戒备，开始真的把我当成徒弟。慢慢地，我获得了公司老员工们的信任。但是使用这样的方法，终究不能接触公司的核心业务，不能解决公司的实际问题。

这时我意识到自己有一个优势：我曾经在加拿大做过3年牧师，做牧师时经常写布道稿，我能不能把这些高管、员工们的工作技能写成布道稿，让他们在内部公开分享呢？后来，这成为我们公司的一个传统——内部知识萃取。我也借这个机会把百丽雅的经验总结成所有员工甚至同行都可以随时学习的资料，比如《百丽雅安心手册》《美的约定》《百丽雅企业文化手册》。

10年过去了，我不断地沉淀知识，也鼓励公司员工积极分享，这部分内容我也会放在本书中。恰逢AI时代的到来，我将企业知识沉淀流程与AI赋能相结合。我们将过去积累的服务标准操作程序（SOP）、顾客接待流程、销售流程及员工培训，通过AI反向培训百丽雅的员工，从而提升了他们的工作效率。

借助AI技术，百丽雅得以迅速实现从传统美容行业企业向"AI+"美容行业企业的成功转型，为行业树立了创新变革的典范。听完这个故事，你应该明白：用好AI的关键在于沉淀可复制的经验和知识，这也是用好AI的前提。

02　知识沉淀：对于企业而言是一场新时代的"知识平权"

说起知识沉淀，我很佩服华为的人才培养模式。例如，华为的员工晋升规则是：在成为领导之前，员工必须带出两个徒弟。再例如，员工想成为某个级别的管理者，每年必须完成10小时的内部培训。这些规则的背后，都是在鼓励员工沉淀知识。

这样的设置产生了令人惊讶的效果：一旦有新人加入，公司里的老员工就会争着当他们的师傅。这种模式解决了公司内部的很多难题，例如成功案例的快速复制、优秀员工的留存、新员工的快速成长等。而且知识沉淀的妙处在于，无论是像华为这样的民族大企业，还是小型团队，都能随时进行经验和教训的沉淀，不受公司体量大小的影响。

除此之外，知识沉淀在企业里还产生了一个更加深刻的影响——知识平权。

可能听起来有些跑题，但很多企业不得不重视这样一个现象：有些员工离职是因为跟直属领导关系不和，也有些员工则因为与领导关系好，领导离职时他们也跟着走了。为什么会出现这样的情况？

有一句话："知识就是力量"，其实它还有一层意思，就是"知识就是权力"。过去，知识和经验都掌握在企业的小部分人的手里，算是一种"特权"，谁传授了知识，员工就会更信任谁。

我曾经在国外进修宗教学，下面再举一个与宗教有关的例子，帮助你更好地理解"知识就是权力"。在传统的天主教里，普通人如果要向上帝祷告，得通过神父，有了神父的允许和传递，才能完成祷告。那么，经书的解经权只掌握在神父手中。

正是因为这种集权现象，才出现了臭名昭著的"赎罪券"事件：原本是一种赎罪行为，却被要求通过付费来获得许可。后来，新教改革提出，人人都可以读经、解经，人人都可以直接向上帝祷告。然而，新教改革的提出者马丁·路德却连一本完整的纸质《圣经》都没有。

直到古腾堡发明了印刷机，《圣经》才得以批量印刷，这才真正推动了宗教改革。其实，如今的AI就好比当时的印刷机，重点不在于工具本身，而在于我们如何使用它，以及用它来传播什么内容。

可能目前AI还没有完全嵌入你的工作领域，但是在企业中，你对员工因直属领导离职而提出离职的现象不陌生吧？因此，让AI担任教练，指导员工，天然地剥夺了这一层特权。员工可以直接从公司的知识沉淀中增长能力，从而增强他们对公司的归属感。

03 能被复制的知识才是需要沉淀的知识，让知识成为企业的数字化系统

企业里的业务线条如此复杂，该如何去其糟粕、取其精华，沉淀有效的知识呢？我想通过一个直观的案例来带你拆解。

销售是大多数公司都会有的业务场景，回忆一下你公司销售人员成交的过程。你还记得他们是怎么做的吗？是热情地跟顾客聊天，是用心地关心顾客，还是用强势的语气"逼单"成交？下面拿我们公司美容院的一个场景给你举例。假设你是一位美容师，遇到了一位顾客，你成功地在服务过程中拉近了与她的关系，促进了销售成单。如果让你回顾你是怎么成功的，你会怎么说？

可能有人说："顾客挺爱聊天的，我也爱聊天，我就一直陪着她聊呗，她特开心。"也有人说："我们两个性格很合，我服务她的时候特别细心。"还有人说："我是一个很努力的员工，我跟别人不一样，我更有梦想。"等等。

思考一下，这些话是可以被其他员工学习的知识吗？是可以"喂给"AI进行数字化的知识吗？知识有有效和无效之分，我们要沉淀的是有效的知识，是能被复制的知识，让知识变成一种数字化系统。

到底该怎么做？下面分享一个真实的案例。我们公司有

一位顾客，她很喜欢让一位指定的美容师服务，1年里至少会为这位美容师的服务消费30万元。有一次，这位美容师又让这位顾客成功消费了新产品，我就跟她闲聊："你能说说，实现今天这次成功的销售你做了什么吗？"

这位美容师对整个销售过程的梳理，应该能给人启发。首先，销售不仅发生在门店内。在这位顾客到达门店之前，美容师通过顾客的朋友圈了解了她最近在关注什么。她最近看了一部新电影，叫《周处除三害》，这是她近期的兴趣点。顾客来门店之前，美容师在抖音上观看了《周处除三害》的3分钟剪辑版视频，还上豆瓣App搜了很多这部电影的评论，并把其中一两个经典评论背了下来。

在给顾客做美容的时候，美容师就会"无意间"聊道："姐，我发现你最近也在看《周处除三害》。"在聊天的过程中，美容师也加入了很多技巧——让顾客多讲，自己多问，衬托着对方，让顾客沉浸在输出和分享的成就感里。

其中有一些很好用的技巧和话术：

> 姐，通过你的分享，我有一个启发，这个启发是……

美容师可以把之前背的豆瓣评论背出来，服务结束后还可以把这个豆瓣评论复制、粘贴到朋友圈，说今天跟一位顾客聊到《周处除三害》，她给我分享了一个观点，让我获得了启发……记得一定要在朋友圈@这位顾客。在整个服务过程中,让顾客在接受服务的同时,也获得满满的情绪价值。

复盘一下,经验可以总结如下。

1. 提前通过朋友圈等渠道了解顾客近期的关注点。
2. 从各种社交平台上了解该关注点的多维度信息。
3. 在与顾客聊天时,无意间提及该关注点,多问多请教顾客,挑起顾客的分享欲和表达欲。
4. 从话术和反馈上多给顾客提供正向情绪价值。

当然,一次成功的销售由很多要素组成,例如产品过硬、内部配合、优惠福利等。以上经验至少可以在服务营销阶段,给一次成功的销售做加持。

基于这些经验,当其他员工进行销售时,他们可以有效地运用这些方法与顾客建立更紧密的联系,并提供情绪价值。这种方法不仅易于执行,还能迅速见效。这种流程正是我们所说的可复制的执行步骤,也被称为经验系统。

将这些知识沉淀下来并"喂给"AI,让AI对员工进行培训,就能迅速提升公司实力、扩大规模、大幅降低培训成本等。这个案例很简单,之所以分享给你,是因为我想在本书的第一章提前预告:知识沉淀对于企业及企业AI商业化落地的重要性。

抓住关键步骤,基本上公司所有的成功案例都可以按这样的方式来拆解,接着进行知识沉淀。如果你的公司已经具备了知识沉淀的意识和能力，并积累了大量的SOP和方法，那么在AI时代，你将能够抢占先机，显著提升效能，放大你的势能。这种先发优势不仅能帮助你更好地应对变化，还能让你在竞争中脱颖而出。

如果你现在还没有知识沉淀的意识和能力，也不用担心。从现在开始，观察你的公司里有哪些优秀的经验、哪些成功的案例可以被留存、被沉淀，为未来的AI应用打好基础。

在本书的第四章中，我会慢慢展开讲解如何萃取知识，更好地实现AI应用。接下来，我会从几个维度带你寻找知识沉淀背后的算法和角度。

第二章
CHAPTER
TWO

第一步：落地场景

2-1　找到场景：企业AI变革第一步
——把真实场景"切"得足够细

如果今天有人问我，一家企业要怎么应用AI？坦率地说，我会感到思绪万千。因为AI的应用层次可能涉及人、技术、业务细节、工作流程、工作产出、工作效率等诸多方面。其中的错综复杂，不是我三言两语能说明白的。

但我认为，从更聚焦、更落地的地方讲起，或许能让你更清晰地了解AI能用在什么地方。

回顾一下，无论是之前讲到的百丽雅的潘医生，还是保险公司、某手表品牌的案例，涉及销售业务、服务营销、人员培训、直播话术，虽然应用AI的方式不一，但每个应用都出现在一个具体的场景中，可能是销售场景、培训场景，还可能是服务场景……

提炼这些场景的共性及区别，我们发现，企业中的业务场景可以分为如下3类。

第一，高价值场景，是能为企业创造高利润的销售转化动作的场景，比如"璀璨之谜"的案例，客单价高，创造的总价值也高。

第二，高情绪场景，是能提升用户体验的关键服务细节的场景，比如大家熟知的海底捞服务。

第三，高频率场景，是能嵌入组织流程、降本增效的标准化工具的场景，比如那些在你的公司里消耗最多员工时间、重复劳动的业务场景。

当然，这些场景可能是复合的，比如高价值场景可能也是高情绪场景。只要找到你的公司里不同类型的场景，AI的应用方向就会变得清晰。

01 拆解高价值的"关键场景+关键项目"，让AI赋能企业

先从高价值场景说起，我想跟你分享一个在百丽雅发生的真实故事。

有一天，我正在工作，我们的AI落地执行群里突然传来一条特别的喜讯：公司里一位中医理疗师成功卖出了一单"肠道菌群移植"项目。为什么说这单特别？因为这个项目

非常复杂，专业壁垒极高，平时一位西医要卖出这款产品都很费力气。

这个项目首先要提取顾客的肠菌进行检测，可能会检测出感染的肠胃疾病或者肠道失调状况，比如肠应激综合征等。精准检测之后，这个项目会为顾客进一步制定治疗方案。治疗原理有些复杂，简单来说就是：首先有一个活菌库，里面存储着很多志愿者捐献的活菌，通过对比顾客的肠菌和活菌库，找到匹配的菌种，为顾客进行活菌移植，从而培养更健康的肠道菌群环境。

别看我只用几句话进行了描述，其中需要给顾客解释的细节和涉及的相关问题实在是太多了。比如菌群移植，是鼻腔移植，还是胶囊移植？拿胶囊移植来说，东西在胃里怎么能不被胃酸消化？移植菌种匹配的过程是怎样的？……每个问题背后都有大量原理，这使项目壁垒极高、销售难度极大。更要命的是，这本是一个西医项目，一般需要专业的西医才能做好介绍和推荐。那么，中医理疗师是如何将项目卖出去的呢？

看到群里的报喜后，我打开了这位中医理疗师的"练练"后台，发现她在半个月的时间内训练了20多个小时。我们的销售人员，一天的训练时间差不多是30分钟。这时我感到很奇怪，中医理疗师本身不负责销售，我也没给她提过这个要求。于是，我问她，你为什么每天用"练练"？她居然跟我说,她拿"练练"练普通话,练着练着就会卖了。这位中医理疗师是广东人,50多岁,普通话特别不标准。她看见销售人员练话术,觉得有意思,就一起练,连她自己都没想到,居然把一个客单价10万元起的项目卖了出去。后来,甚至在一个月内,她还卖出去4单"肠道菌群移植"项目。

我们公司也因为她而重新调整了绩效工资。原本,我们不指望中医理疗师卖项目,也就没有给这个岗位设置销售提成。但当我们发现这是一个可规模化复制的能力时,我们把销售提成纳入了中医理疗师的绩效体系。

有意思的是,过了几个月,我们招聘中医理疗师时,一下子来了十几位面试者,其中一位说她一个月工资才2万元,但她的师妹在百丽雅一个月居然能拿7、8万元,所以她要来百丽雅。听说,这位面试者当时是另一家美容机构的明星理疗师。

这让我想起了罗老师说的那句话:"AI不是简单的降本增效,而是让原本不可能的事变为可能。"

02　将场景切片化,找到关键场景,快速切入营销口

故事的核心在于,回归真实业务,找到关键场景,并嵌入AI智能体,从而更好地赋能企业。

那么，我们是如何找到业务中的关键场景的呢？第一步，也是最重要的一步：把一个个大场景切碎。例如：

- 顾客进店的场景

- 顾客等待服务的场景

- 顾客做美容的场景……

在这些场景中，有很多细节都值得仔细研究。拿第一个场景来说，顾客进店，我们的美容师如何打招呼，光是这一点，我们就准备了4套服务模型。这部分内容我在第一章中详细讲解过，在这里就不做展开了，你可以随时回顾。

每一个场景背后，其实都涉及不同角色的用户分类、场景推演及服务营销落地。在我的公司，会以场景为横轴、项目为纵轴，绘制一张"服务营销最佳场景坐标图"，如图2.1所示。每个项目都可以按场景"切"得足够细，很多相似场景也会在不同的服务项目中反复出现。通过这种方式，我们能够找到不同业务项目的差异化营销点和服务流程，从而确定最佳营销场景。

把场景"切"得足够细之后，第二步，我们要研究这些场景中的哪些是关键场景。怎么定义关键场景呢？可以通过服务为顾客提供峰值体验，并且能够匹配深度营销的场景。

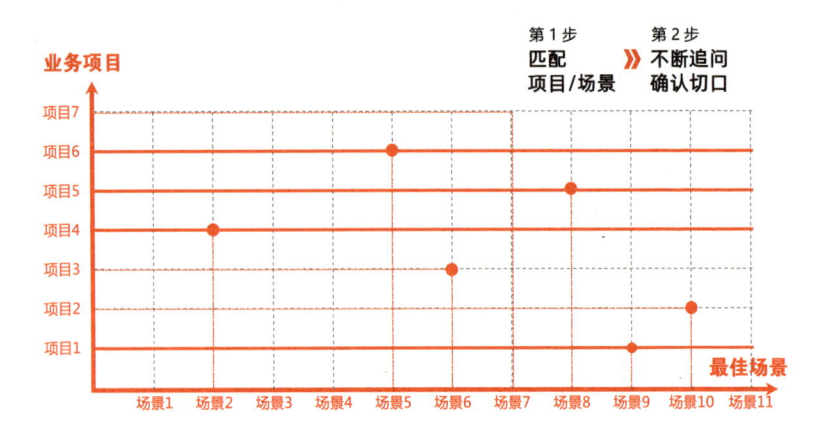

图2.1

以顾客刚进店的场景为例,如果一见面就推荐"肠道菌群移植"项目,肯定不合适。经过我们成百上千次的服务实操,以及每次成功推荐后的营销服务复盘,我们得出了以下场景是推广"肠道菌群移植"项目的高价值场景:

- 中医理疗师给顾客按摩,按到肚子的时候。

- 与顾客聊天,聊到减肥的时候。

- 顾客做项目,不饿的情况下,肚子一直咕咕响的时候。

在这些场景之中,聊起"肠道菌群移植"项目就会很自然,顾客也更愿意打开话匣子。

对照你的行业和产品,如何找到场景,又如何从中锁定关键场景,找到营销切入点,这是一个值得思考的问题。所有高价值关键场景的背后,其实是一套算法和知识体系。

为了帮助大家更好地识别适合切入营销的高价值场景,我整理了以下7个关键问题,供大家思考和参考:

1. 在哪些具体场景中,我能够最清晰地发现顾客的痛点?
2. 顾客的痛点可能分为哪几类?
3. 我该如何以合适的方式,精准描述顾客的痛点?
4. 针对顾客的这些痛点,哪些解决方案或项目最为适合?
5. 如果顾客接受了这些项目,他们能立即看到哪些显著效果?
6. 如果顾客选择暂不采取行动,会面临哪些潜在的损失和风险?
7. 顾客决定采取行动时,可能出于哪些原因?

通过回答这些问题,你将能够更清晰地识别高价值的营销切入点,制定出更具针对性和影响力的营销策略,从而提升产品或服务的市场竞争力和顾客满意度。

03　定位高价值场景后,借助AI产出定制化服务营销话术

定位好高价值场景并匹配关键项目后,如何真的能将项目卖出去,关键就落在了具体的话术上。服务人员回答问题

是否专业？是否给出了增量信息？是否在和顾客沟通时使用了通俗易懂的语言，而不是堆砌让人头大的专业名词……这些因素都至关重要。

在我们引入"练练"工具之前，员工里很少有人愿意介绍"肠道菌群移植"项目，连具有专业优势的西医，也存在畏难情绪。然而，在引入"练练"工具之后，我通过后台查看这个项目的练习数据，发现员工的成交转化率与练习时长明显呈正相关关系。这表明工具正在发挥作用，员工的业务能力在稳步提升，公司营收也随之不断增长。

有关工具嵌入企业服务营销流程的详细内容，我会在第四章里深入阐述。在这里，我先向你展示"练练"工具的全貌，帮助你从用户的视角更好地理解这款AI工具。

"练练"工具和市面上的大多数AI工具有着明显的区别，它并非简单地整合互联网数据资源，通过接收问题、解决问题的运算模型来运作，它更像一名极具专业性、定制化，并且能在多维度给予反馈的5A级企业私人教练。比如，当你在练习时，如果某一个问题回答得不够好，"练练"工具绝不会轻易放过，它会不断地追问，直到你的答案让它满意。而在为你提供反馈报告时，它会从不同维度、不同层次生成详尽的报告。

你所获得的，不只是专业的知识解答，还包括语气词、同理心等情绪维度上给出的建议；甚至，"练练"工具还会基于你过往的练习数据，分析你在某个特定周期内的进步情况。这样精准、全面、定制化的即时反馈，是人类教练很难做到的。

接下来，给你展示"练练"工具的反馈截图，如图2.2所示，相信你在查看后会对其有更深刻的感受。

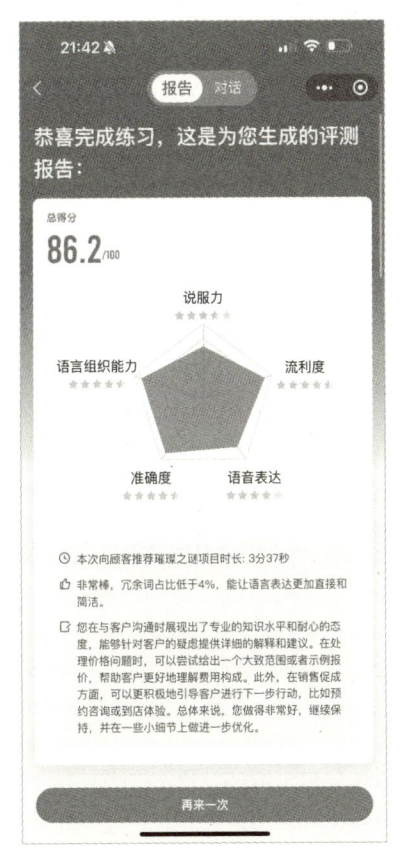

图2.2

除了提供测评报告，"练练"工具还向管理员开放了数据后端，方便企业高管随时查看员工的训练成绩、练习进度、练习效果等详细数据，如图2.3所示。

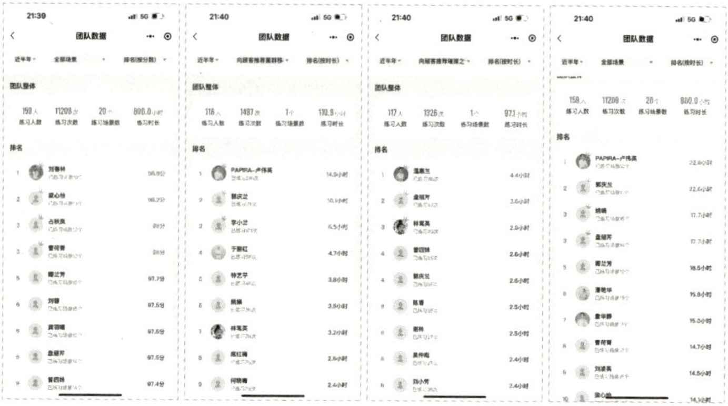

图2.3

市面上有很多软件都在做测评，但"练练"工具有何不同呢？关键在于我们测评抓取的维度。我们从说服力、语言组织力、语音表达、准确度、流利度这五大维度入手，帮助员工训练和培养销售思维。

不仅我们自己，很多合作客户也反馈，使用"练练"工具练习某几个场景后，即使调换场景和产品，员工也能应对自如。这正是因为"练练"工具的五大维度，为员工提供了可迁移的沟通能力。

为什么是这五大维度？

说服力

大家平时常说一个人说服力强，但到底什么是说服力呢？顶级销售人员通常会使用一个模型——"Yes and"。例如，我的合作伙伴绝代百草美容院线护肤品牌，会有这样的训练场景：

> 顾客："你们的产品在网上都查不到。"
> 员工："是的，我们的产品您在网上是查不到的，因为我们家给您使用的都是专业线产品，而不是到处铺货的日化线产品。"

我们的AI智能体会在后台抓取练习话术中是否运用了"Yes and"模型，并据此给出相应的建议。

语言组织力

语言组织力背后的底层逻辑是，你的话术体系里有没有"不是……而是……"，能否在破除旧观念的同时给出新的观点。例如，我的合作伙伴次世代的训练话术：

> 减肥不是简单的节食和掉秤，而是提升人的代谢功能，顺便减轻体重。

语音表达

语音表达关注的是你的讲话是否生动有趣，能否吸引听众。

准确度

准确度考验的是专业程度，即使用者能否给出专业的表述和准确的公司数据。

流利度

流利度考验的是讲话时是否自信，是否存在磕绊或不合时宜的语气词。

这些沟通能力，正是顶级销售人员的基本功。

在本节中，我分享了如何在企业内找到可应用AI的高价值场景，以及如何借助"练练"工具的定制化培训和反馈，让员工学习和掌握高价值场景中所需的能力。接下来，我将带你进一步拆解高情绪场景、高频率场景，借助AI更好地推进服务营销落地。

2-2　高价值：找到高价值场景，借助AI复制高价值能力

高价值场景对企业来说意味着什么？借助AI智能体，百丽雅"璀璨之谜"的销售冠军潘医生的能力得以复制，一支销售军队应运而生。同样借助AI智能体，朗健集团的根本健康一次性邀请了487家潜在合作方，其中150多家成为根本健康的联营商。

这些只是表面现象，背后给企业带来的变化更为深远：百丽雅快速将成功方法复制到所有高价值项目，仅2024年，其整体营收就提升30%以上；根本健康则通过高频率召开联营招商会，实现了快速的规模化复制。

这就是高价值场景对企业的价值。人才队伍、战术推进，甚至商业模式，都会因此发生变化。

01　AI赋能高价值场景，轻松提高转化率

在我看来，未来的商业环境中，所有的服务和销售人员都需要借助AI智能体来赋能。AI不仅能弥合知识和技能的差距，还能增强客户黏性，为客户提供专业服务和情感价值。

更多重复性的工作，都可以交给AI来完成，这样就能让人有更充足的时间思考如何为客户提供更多、更好的高价值体验。要让AI在公司内部落地，也一定是首先在销售端发力。

为什么呢？因为**销售是离钱最近的话题，也是所有老板最重视的岗位。当新技术出现时，企业主通常会优先考虑如何将其应用于销售场景，以最大化收益并提升竞争力。**

我有一个客户，他们就是从销售场景切入来落地AI的。这个客户是中国非常高端的服装品牌，我和品牌创始人聊天的时候，能充分感受到他们的理念、创意和让更多人感受东方美学的初心。

对于这样的品牌来说，"高端"不仅是他们的经营策略，更是一种企业内在的要求和追求。我举几个方面的例子，你可以感受一下他们的"高端"。

首先是设计。这个服装品牌的设计师是从自然界、传统艺术和生活点滴中汲取灵感的，给自己定下的目标是，作品既要有现代感，又不能缺失传统的韵味。比如，他们设计的一款爆火的产品，就是从中国传统文化中得到灵感的。像这样的产品，既有传统文化底蕴的加持，又有现代设计的美

感，投入市场后一下子就占据了优势，拉开了与竞争对手之间的距离。

然后是工艺方面。大部分品牌要么坚持纯手工，但忽略了现代感，要么走科技路线，但牺牲了传统特色。这个服装品牌难得地将二者结合起来，从选材到打磨，每一步都力求完美和平衡。这种工艺本身就代表了一种竞争力。

最后是情绪价值。创始人告诉我，对产品的要求，美观、典雅只是基础，更进一步的要求是，每一件衣服都必须能讲述一个故事，因为故事承载着精神和情感。产品美观会让顾客心动，但产品故事和背后的情绪价值才能真正打动人心。

在创始人和我分享完这些后，我瞬间有了想要进一步了解和购买的冲动。在我看来，他的分享本身就是极好的销售话术。我在想，如果在销售现场，每个顾问都能像这位创始人一样，那么人人都将变成销售冠军，可能会有更多人喜欢上这个服装品牌。

于是，我问这位创始人："你们的服装顾问也能像你一样，把产品理念和公司精神说得这么好吗？"创始人说："大部分可以。我们非常注重顾问的价值，但肯定还有提升空间。"其实，这家公司对于服装顾问的招聘、培训、沟通话术风格等要求得已经非常严格了。每位应聘者的面试通常要持续数小时，入职前还会接受培训，入职后到门店工作时，会由店长或销售冠军进行一对一的指导。尽管如此，由于产品介绍资料非常复杂，有时还会出现员工无法清楚地介绍产品的情况，这严重影响了高端顾客的体验，进而对销售业绩产生了负面影响。

我也与创始人探讨过，如何借助AI，帮他们培养出更多像创始人和销售冠军这样优秀的员工，然后我们在公司内部开始全面落地AI。我们通过全员业务萃取，把大家脑海中的知识提炼出来，进行分析，找到核心的销售关键节点，接着梳理问答话术，把核心销售场景的关键沟通话术输入AI。在把AI训练得足够强大后，我们用AI来辅助训练顾问，让AI成为顾问们最好的老师。

让我们非常欣喜的是，这套方法被证明是有效的。在帮助这个服装品牌全面落地AI后，试点门店3个月内业绩增长了3倍。因此，我一直建议各位老板入局和落地AI，不妨就从企业里的高价值场景开始。

02　三大自问，助你快速识别高价值场景

既然要从高价值场景入手，那不可避免地会遇到一个问题：如何找到公司真正的高价值场景？我的关键词是：找到对的产品。

1. 在你的企业中，利润/价值最高的产品是什么？

正如我之前反复提到过的案例，"璀璨之谜""肠道菌

群移植"项目等，每家企业一定有自己的明星产品，一般是那些客单价高、利润可观的产品。这些高价值产品的销售环节，往往就是最佳场景。

为了让你更好地理解，我先分享一个日常生活中的小变化：过去，超市是大家高频光顾的场所，而鸡蛋作为家庭日常必需品，常常被放在超市的最里面，目的是让顾客在寻找鸡蛋的过程中选购更多的商品。但随着时代的变迁，线上购物、生鲜外卖发展得很快，在新的市场环境下，鸡蛋通常被摆放在超市门口，作为流量品吸引顾客进入超市。

举这个例子，是想强调，作为企业家或老板，我们应该时刻保持洞察，不断调整策略以应对市场变化。比如，**以前公司的高价值场景，现在是否仍然具有高价值？现在你公司的高价值产品，未来5年、10年是否还能保持竞争力？**

不断问自己这些问题，可以让我们的思路更清晰，以便更精准地找到真正的高价值场景。

2. 这款产品是否非常依赖公司创始人/高管/销售冠军？

一款产品的销售难度越大，对老板或销售冠军的依赖度就越高。很多公司老板在创业初期，既担任老板，又担任销售人员。这也是为什么大部分老板都是销售高手的原因。

在企业规模较小时，这种模式没什么问题，甚至是非常有利的选择。但在企业发展到一定的规模后，如果企业的大部分业绩还高度依赖企业的创始人、高管、销售冠军，那企业将很难持续。因为个人的精力、时间是有限的，这样企业的规模也会受限。

这时，老板最应该思考的是如何复制自己的能力，如何借助AI将自己的能力延伸出去。

当然，有些产品只能由老板或销售冠军卖出去，并不是因为他们的能力强，而是其他因素的加持。比如，当顾客请求打折的时候，会直接找到老板，而不是找销售人员，因为老板有决策权。又比如，一名销售人员成为销售冠军，并不是因为他能力最强，而是因为他在公司待的时间最久、可获得的资源最多。因为大多数公司的销售人员离职后，手上的资源会全部交接给老员工，老员工因此获得了天然的资源优势。

这给老板们的启发是：我们一定要透过现象看到本质，哪些产品的销售是可以脱离核心人物的？哪些销售环节是可以利用AI来赋能放大的？我们把这些问题想得越细、越深，AI对我们的帮助就会越大。

3. 当接入流量时，这款产品能否实现批量交付？

最后一个问题，也是AI赋能高价值场景是否能真正带来增长的关键：**当流量或者用户进来时，能否有实力批量交付产品。**

举个例子，如果你的业务是咨询业务，虽然一个咨询项目客单价非常高，动辄几十万元，但这种服务高度依赖咨询顾问本人的时间。你一天只有24小时，能用于交付的时间有限，即使AI能帮助你快速获取用户，你也很难做到批量交付。因此，这样的项目很难算作高价值项目，因为它无法批量交付、扩大规模。

在我刚接班的时候，曾经希望通过大众点评提升百丽雅的客流。在高峰期，每个门店通过大众点评引流来的顾客少则七八位，多则十几位。当时我认为这是好事，能为生活美容门店带来很多新顾客。但也是在这个时候，一粒冲突的种子慢慢发芽了。

生活美容门店的店长告诉我，通过大众点评获得的顾客，因为对公司的认知度不够，升单率很受影响，而大量大众点评顾客的预约会导致我们的老客户预约不上，影响顾客体验。这时，我们走到了岔路口：是扩大承载能力，还是在生活美容门店的引流途径中放弃平台渠道？坦率地说，在这两个选择中，我毫不犹豫地选择了后者。

流量来了接不住，给企业带来的负面影响是毁灭性的。从2018年接班以来，我就经常听到一句话："将超级猩猩模式引入美容行业，不办卡，建私域。"我敢断言，这种模式在生活美容行业一定行不通。

下面我跟其他行业的朋友们做一下科普，做得好的生活美容门店的利润率也就10%左右，这意味着，如果顾客后续没有升级医美项目，生活美容门店一定是不赚钱的。如果不办卡，如何与顾客建立黏性？如何获得顾客的信任？又如何给顾客推荐更合适的项目？

再说说私域。超级猩猩是一家健身机构，用户在健身机构的私域里建群、社交，本质上是相互激励，是秀自己的身材、毅力。而对于美容院呢？大家更关注隐私和特殊需求。顾客会希望在社群里分享自己是如何借助科技力量变得更好看的吗？大概率不会。

你可能会说，生活美容行业里也有一些品牌做成了千城万店，例如头道汤、功夫肩颈等。但我想告诉你，他们走的是资本逻辑，看的是估值、市场占有率和速度……底层逻辑是不同的。即便你把这套模型引入自己的美容院，如果没有升单体系、没有一系列后续项目的跟进、没有合作机构，门店也一定赚不到钱。

请注意，我说的是"一定"。

说实话，写下上面这些内容时，我的情绪非常激动。很多行业其实存在一些显而易见的规律，经过深度思考就能获得洞察，然而总会有一些从业者在战术上过度勤奋，而忽略了战略方向。

以上是我列举的寻找高价值场景的方法，以及一些注意事项，希望能帮你开拓思路，快速定位高价值场景。

03　AI赋能高情绪场景，妙写藏头诗吸粉无数

第二个AI赋能的切入场景是高情绪场景。

在本书开篇，我提到了罗振宇老师的跨年演讲，其实我"夹带了点儿私货"。我把我很喜欢的一位脱口秀"黑马"徐志胜带上了舞台，虽然不是以真人的形式，而是以一首藏头诗呈现的：

> 徐州礼乐三千载，志士芸芸万古来，胜处百年无一事，美人如此玉堂开。

这是罗老师在跨年演讲上展示的我为徐志胜写的藏头诗。把每一句的第一个字连起来就是"徐志胜美"。

假设在那一刻，徐志胜正好在听罗老师的跨年演讲，他会产生什么感受呢？我猜想，可能很多年以后，徐志胜依然能够回忆起：在罗老师的跨年演讲上，有人为他写了一首藏头诗。

讲这个故事，是想让你看到，AI并不仅仅是工具，它还能提供极大的情绪价值。但问题来了，如果需要把"徐志胜"这3个字写进一首藏头诗，你多久能写出来？如果要为一个人提供极高的情绪价值，你需要花多长时间？更进一步，要在服务场景中为顾客提供情绪价值，你又需要多高的人力成本？我想，即使是一个有文学功底的人，可能也要冥思苦想好几个小时。但如果把这件事交给AI，它的创作时间几乎

可以忽略不计，瞬间就能帮你完成。

所以，我们可以思考一下，如果在你的门店里，能用AI给到店的顾客写上这么一首藏头诗，是不是能很好地提升他的体验感？像用AI写藏头诗这样的场景，在每家企业、门店里一定还有许多。

AI的出现，让过去极耗费时间、精力才能实现的情绪价值服务，现在可以被轻松批量化。而我们要做的，就是找到那些会让人产生高情绪的场景，结合AI工具，就能为顾客提供极大的情绪价值。

关于如何用AI工具将高情绪价值的服务进一步降低成本、批量交付，我会在下一节继续分享。

2-3 高情绪：借助AI，让提升强体验的关键细节不再"奢侈"

在本节中，我们将继续探讨高情绪场景。在上一节分享案例之后，你是否能回忆起自己公司和业务中的高情绪场景？是不是只有面对面的服务，才能为对方提供情绪价值？其实，情绪价值的场景远比我们想象的要丰富得多。只要是可以和客户产生连接的点，都可以产生情绪价值。

01 打破思维定势，高情绪场景时时刻刻皆可用AI赋能

给你举几个案例：

1. **生日祝福视频**：顾客过生日了，我们可以把顾客的照片用AI制作成一段生日视频，写上生日祝福语，再发给顾客。这样的祝福方式让顾客感到我们投入了大量的时间和精力，尽管实际上只需几分钟就能完成。对于不

熟悉技术的顾客来说，这种惊喜效果可能更加显著。

2. **个性化召回短信**：顾客一个月没来公司了，或者一个月没看直播了，遇到这种情况，一般公司的做法是发条短信召回顾客或者潜在顾客。如果单靠员工自己写短信，而且要写得定制化、有特色，去掉群发感，那么一条短信至少要花20~30分钟，可能结果还不尽如人意。

但对于AI来说，你只需把顾客的具体信息告诉它，并且明确你的需求，它就能自动完成，帮你节省大量的时间。比如，顾客一个月没来直播间了，她上一次找我时说她刚刚离婚。根据这两个信息，AI可以快速生成一条200字左右的短信，用亲切的语气，表达对顾客的关心。只需要不到1分钟的时间，AI就可以生成这样一条短信：

【粉丝昵称】，好久没在直播间看到你了，有些担心你，所以忍不住发这条短信问候一下。我们在直播间相识，一直相处得很好，我很珍惜这份情谊。我知道你刚离婚没多久，这两个月对你来说肯定不容易。我想告诉你，无论何时我都在这里，愿意倾听你的心声。最近一个月没看到你，不知道你过得怎么样，希望你一切安好，如果有什么烦恼或者心事别忘了我，这里随时欢迎你，我的直播间也一直在等你哦。

这里是一个温暖的大家庭，大家可以互相倾诉、互相支持，或许你来这里和大家聊聊天，会让心情好一些。生活中总会有不如意的事情，但请相信它们都会过去。你是一个很坚强的人，一定能够慢慢走出困境，期待能在直播间再次看到你的身影，让我们一起分享生活中的点滴，一起变得更好，祝你一切顺利。

其实，对一个直播间的粉丝来说，这已经够用了。但如果想要表达得更好，可以继续进行修改。

如何让AI输出的内容更符合你的需求呢？其实有一套提问公式，运用这套公式，即使是普通人，也能快速掌握如何跟AI提需求。具体的公式和用法，我将在本章第四节展开讲解，方便你自己实操应用，或者训练你的员工掌握AI的对话方式。

你以为AI只能发消息吗？其实AI还可以进行判断，模仿真人的交流逻辑。 举一个例子：我预约了顾客明天到店护理，我该如何给他发提醒信息？

通常，大部分人会这么发信息：

姐，明天（时间）您记得到店，我们店的地址是（地点），您可以走（路线）……

这样发信息，顾客可能会不太注意时间、地点、路线，甚至其他附加信息。信息量太大，就会导致顾客真正能注意到的关键信息流失。求助AI会得到这样的信息：

> AI发：姐，明天到店的时候您要洗头吗？
>
> 如果顾客回答：会洗头。
>
> AI再发：那请您明天提前半小时到店哦，我会给你准备好洗发用的护理用品。
>
> 如果顾客回答：不洗头。
>
> AI则发：那请您明天提前15分钟到店哦。
>
> AI可以继续发：那您明天怎么过来呢？
>
> 顾客回答：打车（或者开车，或者乘坐地铁）。
>
> 这时AI再针对不同的交通方式，发不同的攻略。

在以上对话中，AI发信息的目的是准备洗发用的护理用品吗？其实不是，真正的目的是让顾客能提前或者准时到店。这样一来提高了美容院线下房间的利用率，增加了坪效；二来又能给客户留足服务时长，提高体验，这是本部分内容的关键——提供给顾客接受服务流程的情绪价值。

据我们统计，通过这样的方式，路线攻略网页的点击率提高了60%，到店率也随之提高了几倍。这个例子也说明：AI不仅为顾客提供了良好的情绪价值，还带来了各种附加价值，比如优化了流程、提高了门店坪效等。

02　优化用户体验地图，就是优化你的"AI作战地图"

高情绪场景的AI化可能性多种多样，附加价值也非常有想象空间。那么，具体如何找到高情绪场景呢？在这里向你推荐我非常敬佩的一位老师梁宁老师的一句话：

> 视人如人，就是把人当人看，看到对方的处境、情绪、感受和诉求，而不是把人简单地当工具。

如果我们看到的不只是工作的流程、环节，而是每个服务环节中真实的用户，他们的困惑、当下的感受、对服务的期待……你就会发现，有非常多可以切入的场景和细节。

要想发现甚至穷尽这些场景，有一个非常有效的方法。我将它概括为"产品+用户双视角"：一个是产品经理的视角，另一个是用户体验的视角。

在一个服务流程中，产品经理的视角关注的是功能、效果、成本、优化的空间……用户体验的视角关注的是具体的行为、与产品服务的接触点、需求、预期得到的体验、情绪……结合这二者的视角，我们就可以生成一张服务体验表。在这里，给你展示一下百丽雅的服务体验表，如图2.4所示。

阶段 新客/老客	到店前	到店中	离店后
顾客行为	• 大众点评、美团、小红书、抖音下单 • 预约沟通：电话预约/“企微”预约/“个微”预约 • 预约信息：地点/时间/到店对接	• 交通指引 • 茶水/休息 • 咨询项目/确认价格/付费/体验项目 • 店内打卡/服务反馈/离店须知	• 离店时赠送离店礼物 • 离店后与顾客在“个微”/“企微”上约定保持联络 • 后续保养及注意事项按照1、3、5、7、15天进行回访沟通，帮助顾客再预约
接触点	• 客服：处理预约、分配和跟进订单 • 顾问：“个微”/“企微”沟通 • I Beauty：排期预约系统	• 顾问在门口开始接待/设计动线指引 • 前台欢迎/配料师准备茶歇 • 咨询医生/顾问介绍项目/美容师服务	• 美容顾问保持联络 • 美容顾问在沟通中深度了解顾客，记录顾客的偏好以及独特需求，更新内部系统标签
用户需求	• 新客在线上平台下单后清晰了解消费规则 • 方便快捷的预约流程 • 清晰的到店前指引说明	• 体验舒适的环境 • 清晰的项目介绍/合适的收费标准 • 良好的项目体验	• 售后有保障/服务有温度/沟通有价值 • 长期高质量的个性化服务保障
服务预期	• 初步/深度判断顾客类型（4种顾客类型） • 到店前初步问题及需求沟通 • 清晰的到店指引以及进店后顺畅接待 • 根据初步情况做好顾客到店前充分准备 • 早会：以（一位）顾客为单位沟通接待以及服务事宜，确保顾客顺利到店并准备接待	• 按照顾客到店前的早会沟通准备详细的接待流程 • 整体环境卫生、动线设计、茶水准备等服务细节超顾客预期 • 与不同类型、不同喜好的顾客进行个性化沟通 • 顾客离店时除了功能性产品服务还获得了情绪价值 • 顾客离店时愿意真实表达对此次服务的感受	• 通过离店后的售后关注，让顾客感受到服务的周到、仔细以及有品质保障 • 通过日常更多的维护和沟通，能够更加深入地了解顾客，挖掘顾客的深层次、个性化需求 • 沟通中能够完成再次预约到店体验服务，增加服务机会点
顾客得到	• 清晰的指引/方便快捷的预约流程	• 功能性产品解决美容、医美问题 • 除了产品服务，最大化获得陪伴和自我犒赏的情绪价值	• 最强的信任保障，以及专业的售后指导 • 最大化的情绪价值
情绪曲线	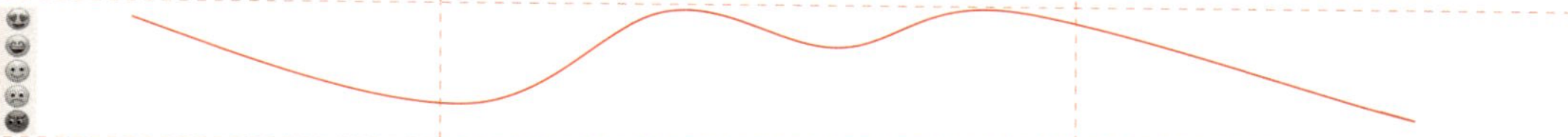		
提升机会点	• 是否可以用更加适合的方式发送位置信息 • 通过调整线上沟通时询问的问题，是否可以最大程度上获得顾客的偏好信息 • 对外沟通人员是否足够熟悉顾客到店前流程	• 晚会：总结顾客服务细节、加深对顾客的了解，为顾客修改或增加标签 • 环境、茶水、日用消耗品等品质是否可以提升 • 服务流程以及顾客个性化沟通是否可以提升 • 功能性产品、专业领域知识介绍及疑问解答能力是否可以提升	• 日常沟通话术是否有温度、有价值 • 能否挖掘顾客的个性化喜好，为顾客修改或增加标签 • 能否最大化完成再预约且提升到店率
服务评分	A B C D		

图2.4

图2.4展示了顾客到店前、到店中、到店后在完整的服务过程中会产生的行为、感受等，包括在不同的节点可以提升服务的机会点和服务评分。比如，顾客到店前一般会通过美团、抖音等App下单、预约。这个时候可以发生的接触点是：用企业微信沟通、分配跟进订单等。

进一步分析顾客的需求、顾客的预期，以及相应的动作给顾客带来的感受，这些感受可能是快乐的、无感的，甚至是不爽的。通过连接这些情绪点，我们可以完整地看到顾客在服务过程中的情绪体验。

市面上关于用户体验地图的图书或者课程有很多，但在我的书里，我着重要教你的并不是如何做用户体验地图，而是如何依据这张地图，把场景切分成一个个小切片，从而嵌入AI，让AI为企业的高情绪场景赋能。

以一个小故事为例：有一天，百丽雅的一位美容师接待了一位叫潘红的顾客，这位顾客在做SPA的时候，觉得旁边健身房的音乐有点儿吵，让她很不开心。通过情绪体验地图分析，可以发现这是一个服务过程中产生负面情绪的节点。

如果要让AI帮助这位美容师提升服务过程中顾客的情绪体验，我们可以怎么做？服务结束后的回访是一个关键场景，可以为顾客提供反馈并传递情绪价值。于是，这位美容师借助AI提出了以下需求：

> 旁边的健身房环境嘈杂，给一位顾客潘红带来了不好的情绪体验，请帮我写一条回访短信，表达我对她的关怀

和歉意，希望她能理解这件事情，不要生我们公司的气，同时请帮我写做完SPA回家以后的注意事项，请将这条短信控制在300字以内。

以下是一条满足需求的回访短信：

> 尊敬的潘红女士，您好，我是百丽雅美容集团的美容师×××，首先对于您在我们公司做SPA项目时受到旁边健身房音乐的干扰，深表歉意。
> 这是我们的疏忽，给您带来了不愉快的体验，还请您多多谅解。
> 我们非常重视您的感受，会尽快与健身房沟通，避免类似情况再次发生。
> 另外，做完SPA回家后，您需要注意几个方面：
> 1. 避免立即沐浴，以免影响护理效果。
> 2. 多喝水，帮助排出体内毒素。
> 3. 注意休息，保证充足的睡眠。
> 再次向您道歉，期待您的下次光临，祝您生活愉快。

当然，你还可以根据实际情况，多给AI几次反馈，让它不断修改，使短信措辞更符合你的语气、更亲切。我相信，通过这条AI生成的短信，能够有效地安抚顾客的情绪，提升她的服务体验。

> 通过AI实践，我坚信：用户体验地图，就是企业的"AI作战地图"。优质的产品和服务，不是简单罗列参数和流程，而是"触发情绪、激发欲望、放大需求、回应预期"，这4项彼此形成一个正向循环。把握住业务服务过程中的用户体验，你就能找到AI可以赋能的高情绪场景。

03　找到高价值+高情绪的交叠点，高效嵌入AI

在我们掌握了如何找到高价值场景和高情绪场景之后，我再分享一个将AI嵌入最高效水平的方式：找到高价值+高情绪的交叠点。但这是一种有些难度的方式，所以我要带你逐步拆解——如果你想找到这样的交叠点，首先要做的是，关注足够细微的细节。

假设今天你去一家美容院做理疗，一位美容师跟你说："我手有点儿凉，您理解一下哈。"这时你会怎么回答她？我想大部分人会说"没事儿"，但小部分人则会暗暗不爽。然而，如果这位美容师跟你说："稍等我2分钟，我把手搓热了再开始。"或者提前把手搓热了再进入这个房间。不用猜，这时你大概率会对这个美容院和这位美容师产生好感。

拿这样一个小小的片段来说，不同的回答看似只有微妙的差别，但其实背后是一整套不同的逻辑。像这样细小的动作，以及说话时的一些语气词、称呼等，在百丽雅我们都做了规定和要求。你可能感到意外：这么多、这么细的动作，员工能时时记住吗？其实，我们在"练练"工具里融入了这些内容。当员工练习得足够多时，这些细节就会形成日常习惯，成为肌肉记忆，自然也就不再困难了。

为什么我要拿这个小小的场景来聊"细节"呢？如果你看过前一节，就会知道，医生在给顾客按摩按到肚子的时候，是提及"肠道菌群移植"项目的最佳时机。因为按肚子时顾客可能会感到不适，而这个部位又与"肠道菌群移植"项目极度相关。所以，如何在这个场景下提高情绪体验、促进营销升单，**背后就是高价值场景和高情绪场景的叠加。**

把客户放在心里，服务至上，并不是一句空洞的话，而是一个又一个细节的积累。企业的洞察水平越高，就越能充分发挥AI的威力。

百丽雅围绕高情绪和高价值两条线，对整个服务流程都进行了优化。比如，在变革服务流程之前，百丽雅有一部分服务被称为性价比很低的"奢侈服务"。这类服务成本高，但能提供更多的价值和情绪体验。应用AI变革后，百丽雅在提供"奢侈服务"的人力成本上大幅降低。一些过去的"奢侈服务"，现在借助AI，摇身一变成为低成本投入、高回报的"高性价比服务"。**曾经，个性化服务和规模化服务的交付似乎水火不容，而现在二者可以兼得。对于我们及所有能够应用AI的企业而言，这无疑是一种幸运。**

在本节的最后，我想向你提出一个问题，回答这个问题也将为未来你在企业中落地AI商业化应用做好铺垫：**在你的企业中，高价值+高情绪的交叠场景是什么？**

2-4 高频率：借助AI，让员工实现业绩爆发式增长

在前面的章节中，我们探讨了高价值场景和高情绪场景，还有一个场景，也至关重要，是每一位老板都无法忽略的——高频率场景。

正确的事情要重复做，而且要高频率地重复做。只有这样，才能为我们带来竞争优势。但是，我们如何才能找到这些高频率场景，又如何借助AI赋能员工做这些事情，最终让业绩实现爆发式增长呢？

01　找到重复性高、必要性强的工作场景

高频率场景通常出现在哪些工作环节？每家公司都有一些重复性高、非常必要的任务，这些任务通常需要大量的人力资源，比如数据输入、文件整理、客服答疑、销售跟进等。

以百丽雅为例,我会和你算一笔账,看完后你就会更明白高频率场景AI化的重要性。在百丽雅,一个非常高频且必要的工作就是发邀约短信。这是我们服务的开始,如果发邀约短信没做好,就不会有后续的体验,发邀约短信的效率和效果甚至会直接影响我们的业绩。

假设一个团队现在有100人,人均收入15000元/月;每位员工每天的工作内容大概分为两个部分:服务顾客+邀约顾客。根据我们的统计,普通员工每天至少需要花5小时,也就是一天工作时间的一多半发邀约短信。你知道这个时间意味着什么吗?

计算一下人力成本:

$$15000 \times 100 \div 2 = 750000 元/月$$

也就是说,这100位员工的人力成本,每个月至少有75万元花在了"发短信"这件事上。是不是非常让人震惊?

事实上,我还要告诉你的是,我们全公司所有的美容师,在发短信这件事上花的成本是这个数字的好几倍。我知道,这听起来有些不可思议。你可能会想,是不是太夸张了?发短信真的这么费时间吗?不就是按按手机键的事儿吗?

说实话,发短信很容易,但若你想发一条没有群发感的、个性化的、能促进顾客到店的邀约短信,就没那么容易了。一条定制化的邀约短信,有下面几个必备要素:

1. 具体顾客的情况、资料、特征。

2. 之前接受服务的细节。

3. 接下来服务的邀约细节。

4. 个性化的语言修饰……

从百丽雅过往的经验来看，每位美容师编辑一条邀约短信至少需要10分钟。如果要保证每天都有一定的邀约应答人数，那一天需要发出的邀约短信数量至少是30条，甚至更多邀约短信。

再计算一下时间成本：

$$10 \times 30 = 300 分钟 = 5 小时$$

这就是为什么单单发短信这件事，会占用员工每天工作一多半的时间。而且，我们还要考虑的是，一个人的精力是有限的，前几位顾客的短信内容可能比较个性化、有针对性，后面的短信内容就很难保证了，员工的精力很难跟得上。

这时最常出现的情况是，员工只会套用模板和千篇一律的话术发短信，邀约的成功率也会逐渐降低。这都是过去我们遇到的窘境。我想，不少公司都遇到过这样的情况，可能你的公司也一样。

而现在，在AI的加持下，我们找到了解决方法，在发邀约短信这点上彻底破局了。我们的做法是，让美容师们借助AI工具"练练"来协助编辑短信。有了AI的帮助，编辑一条邀约短信的时间至少缩短了80%。这意味着，现在只需要花1小时就能完成过去5小时的工作。

比起单纯地提升效率，AI在效果提升方面的作用更为显著，发给每位顾客的短信都实现了真正的个性化。 AI能够根据不同的顾客资料，精准地生成定制化的邀约内容。这种个性化的服务不仅让顾客感受到被重视，还显著提升了邀约的成功率，如图2.5所示。

图2.5

02　利用AI提问公式，高效节约人力、物力

看到这里，我想你可能跃跃欲试，但在尝试之前，我要提醒的是，即便现在很多人知道AI可以带来诸多好处，可以节约大量重复性、高频率工作所花费的时间，但大多数人只是把AI当成搜索引擎，并没有发挥出AI全部的实力。

想让AI更好地帮助我们，重点是要让AI给我们一个个性化的好答案。而这个好答案的前提是，我们必须问出一个好问题。那什么才算一个好问题？我会在第四章中，与你更深入地探讨这个话题。

在这里，我想告诉你的是，通过百丽雅一年的实践，我们沉淀出了一套精准问答的经验，可以应对高频率场景的提效。而且为了让每一位美容师都能快速掌握精准提问的能力，我们总结出以下提问公式：

任务指令 = 定义角色 + 背景信息 + 任务目标 + 输出要求

回到刚刚的场景，如果你需要发一条短信，你要怎么向AI工具"练练"提问呢？下面给你举个例子：

> 任务指令 = 这是一条邀约短信
>
> 定义角色 = 我是一名百丽雅美容门店的美容顾问，我叫×××
>
> 背景信息 = 我邀约的顾客叫×××，上一次是什么时间做了×××美容项目，今天我约她的原因是×××
>
> 任务目标 = 邀约顾客几点几分到店做×××美容项目，消耗卡项
>
> 输出要求 = 顾客是一个什么类型的人，要求内容符合顾客设定，用词温暖、舒服……

运用这个公式，我给"练练"工具输入了以下内容：

我是百丽雅的美容顾问，我叫王坤。我有一位顾客是王莉亚小姐，她预约了明天下午2点来店里做SPA，我们精心为她准备了安静的环境，以及上次她很喜欢的护肤品。接下来需要协助我写出3条邀约短信，分别是王小姐到店前一天的短信、到店前2小时的短信及到店前15分钟的短信。

以下是AI写出的3条邀约短信：

1. 到店前一天的短信

【百丽雅美容顾问王坤】尊敬的王莉亚小姐，您好！我是您的美容顾问王坤，很高兴为您服务。明天下午2点，您预约的SPA护理将准时为您准备就绪。我们已为您精心布置了安静舒适的环境，并备好了上次您喜爱的护肤产品。期待您的光临，让我们共同享受一段美好的护理时光。如有需要，请随时与我联系。祝您生活愉快！

2. 到店前2小时的短信

【百丽雅美容顾问王坤】亲爱的王莉亚小姐，您好！我是您的美容顾问王坤。距离您预约的SPA护理还有2小时，我们已经为您准备好了温馨的环境和专业的护理团队。请您合理安排时间，提前做好赴约准备。如有需要，请随时与我联系。期待您的光临，祝您在百丽雅度过一段美好的时光！

3. 到店前15分钟的短信

> 【百丽雅美容顾问王坤】尊敬的王莉亚小姐，您好！我是您的美容顾问王坤。提醒您，您预约的SPA护理将在15分钟后开始。请您带好随身物品，提前到达店内，以便我们有充足的时间为您进行护理。如有需要，请随时与我联系。期待您的光临，愿您在百丽雅享受到放松身心的护理体验！

是不是完成度还不错？这样的邀约短信已经可以直接一键转发给顾客了。其实，只要你能把你的需求提清楚，AI就一定能满足你。

再比如，我们上点儿难度：一位顾客一个月没来我们美容院了，现在需要发一条短信召回顾客，应该怎么写呢？我编辑了如下内容发给"练练"工具：

> 我是百丽雅的美容顾问，我叫王坤。我有一位顾客是王莉亚小姐，是一名老师，性格温柔，喜欢安静的环境，上个月在我们店做了一个SPA项目，已经一个月没来我们店了，现在需要发送一条短信，邀请她今天下午2点再次来店里体验SPA项目，请你把短信内容编辑得亲切一些，最好不要超过200字。

以下是"练练"工具输出的短信内容：

> 亲爱的王莉亚小姐，您好！我是您的美容顾问王坤，很荣幸上个月为您提供了SPA服务。在这温馨的午后，我们想邀请您再次光临，体验我们为您精心准备的SPA项目。这

> 里依旧安静舒适，等待您的到来。今天下午2点，我们不见不散哦！期待您的回复，祝您生活愉快！

如果你想让这条通用的短信内容变得更有趣一些，还可以继续提要求，比如将上面的短信内容编辑成一首打油诗。下面是AI写的打油诗：

> 王莉亚小姐，您好呀，美容顾问王坤在此。上回SPA您满意否？这月我们等您再次。
>
> 安静舒适小店依旧，精心SPA项目等您来。午后两点约定时分，期待您能如约而至。
>
> 温馨环境，放松心情，让美丽与您相伴行。期待您的回复哦，祝您生活愉快每一天。

我相信，收到这条短信的顾客，除了考虑来做项目，也一定会会心一笑。只要她笑了，情绪就被触发了，到店的可能性就比之前提高不少。这就是AI的作用，它能帮助我们提高效率、提升效果。

03　高频率场景AI化，不只是节约成本这么简单

高频率场景AI化，不仅大幅降低了公司的人力成本，还显著优化了顾客的体验。同时，它也为员工节省了大量原本

用于重复性工作的时间和精力，使他们能够把这些资源投入更具价值的业务上，例如提升专业技能、开发新顾客等，从而增强了员工的工作成就感和驱动力。

更重要的是，借助AI，我们能够提升员工的知识水平、文本撰写能力和执行力。即使是原本能创造8000元价值的员工，在AI的帮助下，也能突破自己的极限，为企业带来16000元的价值。AI不仅提升了组织效率，还促进了员工的个人成长。

因此，高频率场景的AI化与组织管理、员工激励紧密相关。作为企业领导者，我们应从现在开始思考：公司中哪些场景是高频率的，如何通过AI赋能这些场景，实现业绩的爆发式增长。这不仅是当下的问题，更是新时代AI赋能型企业必须面对的命题。

2-5　AI信念：如果相信AI是未来，所有阻力和不适都是"必经之路"

在上一节中，我们探讨了发邀约短信这样的高频率场景，类似的场景还有很多，比如海报设计、电话外呼、美化修图等。以设计类工作为例，每家公司都会有宣传需求，以此来扩大品牌影响力，比如新产品发布、活动预告等。除非大品牌公司，有足够的实力组建自己的设计师团队，或者在电商企业中，图片、物料设计类工作的占比非常高，不得不专人专岗。对于大部分企业而言，尤其是服务业来说，一般不会单独培养设计师，在大多数情况下会选择将设计外包。

百丽雅也曾面临这样的情况。过去，我们在设计上投入了不少资金，也专门聘请了设计师，设计成本居高不下。我们也尝试过将设计外包，但最终的成果往往难以达到预期。

然而，AI工具的出现为我们打开了新局面。接下来，我将带你看看我们是如何让AI参与设计，并且取得意想不到的效果的。

01　借力AI，丽莉娅的诞生，让百丽雅有了生命力

2022年，北京冬季奥运会顺利举办，两个可爱的吉祥物冰墩墩、雪容融经过层层评审，从众多候选作品中脱颖而出。冬季奥运会期间，冰墩墩、雪容融持续"霸占"微博热搜榜，阅读量超48亿。冰墩墩、雪容融设计独特，仿佛融入了运动员们坚韧的意志和鼓舞人心的奥林匹克精神，让这些抽象的概念变得具象化，有了生命力。时至今日，当我们在商场里看到冰墩墩的摆件时，冬季奥运会的场景还会浮现在眼前。

这让我开始思考，如果从"吉祥物"这个小切口入手，我能不能也让人们看到某个图像或物件就想到百丽雅呢？百丽雅要怎样通过用心的设计焕发新的生命力呢？

这次思考让我再次回想起自己的母亲：百丽雅是母亲奋斗几十年的成果，毫不夸张地说，它融入了母亲所有的心力。于是，我把母亲的照片输入Midjourney（一个通过文字生成图像的程序）并输入文字："请围绕我母亲的照片，输出一个符合百丽雅公司品牌、符合商业化要求的二次元形象。"

Midjourney第一次生成了一个小鹿形象的二次元形象，并为其取名丽莉娅，如图2.6所示。我产生了一个疑问："为什么要用鹿角这样的意象呢？"Midjourney解释说：[1]"'美'的

---

[1] 我的具体操作是，我找ChatGPT要了Midjourney的提示词，Midjourney做出来后，我又让ChatGPT分析做得怎么样、提些改进建议。

繁体字像一只鹿，所以在文化母体中，鹿角本身带有美丽的感觉。"如图2.7所示。

图2.6

图2.7

这与百丽雅目前的美容行业主业息息相关，说实话，很多设计师可能想不到这一点。

我又提出疑问："为什么叫丽莉娅呢？"Midjourney说："这是从《英雄联盟》学的，《英雄联盟》里有一个人物叫丽莉娅，像一只小鹿一样一直在蹦。"

说实话，AI给出的答案让我很震惊，它的联想能力、知识库的丰富程度，都远超我的想象。更让我惊喜的是，它在审美和细节设计上，丝毫不逊色于专业的设计师。除此之外，AI还自动生成了一条至今都让我非常满意的口号——"在百丽雅美得安心"。下面给大家展示一下，我们利用AI生成的丽莉娅形象欢迎贺卡，如图2.8所示。

图2.8

贺卡正面是丽莉娅的形象，塑造强记忆点；右上角展示了口号"在百丽雅美得安心"，传递品牌价值观；左下角是一句招呼语："嗨！我是丽莉娅，很高兴遇见您"这些赋予丽莉娅形象以拟人化特质。贺卡背面还有进一步的设计，我们把丽莉娅放在了右下角，并放上了一个二维码，作为用户反馈的收集入口；然后在二维码上方附了一段欢迎语，当然这段话也是由AI批量创作的。在这段话上面，我们特意留有空白，用于填写藏头诗，为每位顾客带来专属感。藏头诗采用了特制的手写样式，通过手写机器人高效完成，完全替代了人工书写。除了贺卡，我们还用丽莉娅的形象制作了专属的生日卡片，进一步放大了AI设计的效能，如图2.9所示。

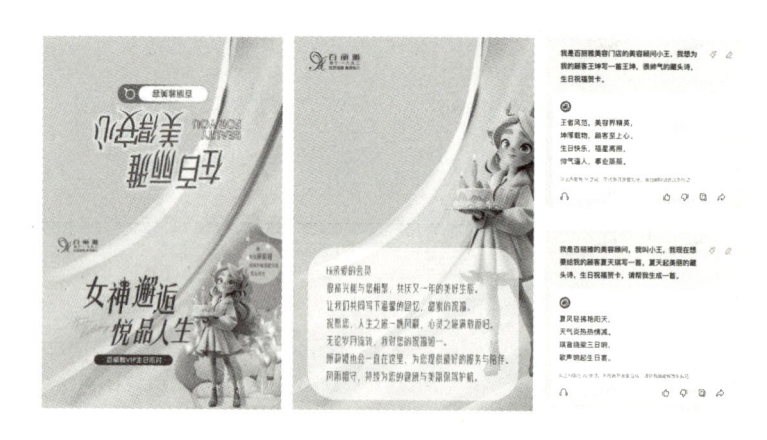

图2.9

丽莉娅形象的AI设计能够在业务场景中实现多重应用，如果你的企业能够借助AI进行品牌形象设计，并将其拓展到各业务领域，那将拥有巨大的想象空间。

02　借力AI，低成本、高效能实现品牌升级

AI参与品牌形象设计的背后，还有更多的话题值得探讨。在过去，品牌建设只需做到标签识别即可，例如耐克的对钩Logo、阿迪的三叶草、奥迪的4个圈……这些品牌标识早已深入人心。然而，在新时代的消费市场中，对品牌的要求不止是一个Logo。

如今，品牌形象、品牌设计不仅要能实现标签识别，还要能为顾客带来情绪感知，与他们建立内在的情感联系。因此，最近在投资界、资本圈流行着这样一句话："无破圈，不增长；无AI，不投资；无IP，不品牌。"

以百丽雅的品牌升级为例，我们的美容师在与顾客交流以及对上千位顾客进行回访时，都问了他们一个问题："看到丽莉娅的贺卡，您有什么感觉？"很多顾客都提到了一个共同点：年轻，活力四射！这与我们最初希望借助AI达成的效果不谋而合，通过二次元、卡通的设计风格，让品牌逐渐实现IP化、年轻化。

品牌的IP化也让每一个服务场景更有温度。 以前，我们给顾客的只是模板化、制式化的卡片；而现在，卡片上有藏头诗，有拟人形象丽莉娅，带来的服务体验提升显而易见。

借助AI实现品牌年轻化的同时，我们还大幅节约了成本。 以丽莉娅的形象设计为例，如果请专业设计师设计，并实现

形象的拓展应用，至少需要数十万元。如果找更有实力的品牌设计公司，费用还会更高。而使用AI设计丽莉娅，不仅节约了时间，还降低了成本。过去，设计这样的丽莉娅形象，策划+设计+人物拓展等工作至少要忙30天。而现在，从想法到落地，只需7天；从落地到复制，形成不同场景不同的IP形象姿态，每次只需2分钟。再从资金成本上看：以前成本大于10万元，现在成本不到5000元，这笔账怎么算都划算。

03　如何让所有人相信，AI是未来

老板意识到AI的高效和低成本，只是第一步。如何让每位员工都能实现AI的商业化应用，才是实操层面最重要的任务。据我的观察和实践，企业在推行AI实践的过程中，通常会经历几个阶段。我总结为如下这几个阶段（见图2.10）。

浪漫期
怀疑期
冷漠期　　打样期
适应期
上瘾期
共创期

图2.10

从浪漫期到怀疑期，再到冷漠期，如果怀疑期未能成功

渡过，就会进入冷漠期，徒劳无功；如果能顺利渡过怀疑期，企业的AI化进程就会进入打样期、适应期，甚至上瘾期，最终进入共创期。

本质上，在公司内部推行AI，不可避免地会受到来自员工的阻力。一方面是企业老板的一厢情愿，另一方面是员工的表面上答应，内心却未必认同。

本质上，推行AI的最大阻力并非技术问题，而是人性问题。例如，员工原本可以在7天内悠哉地做完的工作，因为有AI介入，工期缩短为2天。这不仅剥夺了员工的"摸鱼"时间，还带来了对新技术的不适应。

以丽莉娅的诞生为例，百丽雅曾短暂地进入浪漫期。我对AI充满了热情，想要将其在公司内部推广，让员工尝到AI的甜头。然而，很快我就被现实狠狠打了脸。看似简单的组织AI化，却伴随的是一系列问题。比如，如何切换员工引以为傲的技能？在我的公司，就有员工宁愿用Photoshop完成任务，也不愿尝试AI工具，理由是"用Photoshop 5分钟就能搞定工作"。这让我意识到，仅凭热情无法推动AI落地。

如何让所有人相信AI是未来？只是老板一个人相信，完全推动不了企业AI化落地。在我一筹莫展之时，我决定用控制变量法，进行A/B测试，用数据说话。我将员工分为控制组A和对照组B，每个分组分别有160人，我让A组使用AI工具，而B组不使用AI工具，继续采用以前的方法工作。一个月后，结果显示A组在完成工作的时间、效果和返工频率上明显优于B组。这一结果让所有人看到了AI的有效性，也为我们在公司内部顺利推动AI落地奠定了基础。

怀疑期的下一个阶段是打样期或冷漠期。当数据样本量不够大时，AI无法实现"涌现"。简单解释一下，涌现的意思是在你给AI"喂"足够多的样本和数据之后，AI会发生超越系统内单个元素简单叠加的、自组织的现象。借用科普作家万维钢老师的一个比喻：单个蚂蚁很笨，可是蚁群非常聪明；每个消费者是自由的，可是整个市场好像是有序的；每个神经元都很简单，可是大脑产生了意识。这就是我们常说的"量变引起质变"。

比如，你公司只有30位员工，或者你公司员工多但是投入AI应用的只有少部分，即便让这些员工每人每天练一遍AI应用，一个月最多只能积累1000条练习数据，完全达不到实现AI涌现的水平。这时很可能从怀疑期步入了冷漠期。如果在这个阶段能够投入的实践者多、参与的频率高，快速累积样本量，公司就可以很快进入打样期。

一旦成功过渡到打样期，公司的AI化实践就会取得巨大的成果。接下来，就是如何通过公司内部的案例打样，让更多的员工适应新的工作方式，甚至会有一部分员工对AI化的工作方式上瘾。还记得我在本书第一章分享的肠道菌群移植案例吗？在没有AI工具"练练"之前，中医理疗师卖不出高客单的西医项目，而现在，我们通过查看"练练"工具的后台数据，可以发现公司里中医理疗师几乎每人每天都会自发练习1小时。这就是上瘾期，AI化的工作方式像打游戏一样，给人"爽感"。

这种"爽感"不仅来自能力的提升，还有收入的增加。下面分享一个小故事。

> 有一位中医理疗师应聘时说："听说我师妹在这里用AI工具卖新项目，工资拿到7万多，足足是我的3倍，我实在是动心，所以一定要来看看。"

在2024年3月的数据中，20多位应聘者中有10多位是中医理疗师，更多人看到了AI商业化应用、提升工作效能的可能性。而上瘾期之后，企业会进入共创期，如何通过企业的经验、个人的能力实现进一步的AI进化，再次提升组织效能，这也是AI化企业的最终目标。

要找到AI的破绽很容易，但找到AI应用的边界，并将其融入真实的业务工作流程，才是极具挑战性且富有价值的。近期有人向我倾诉："我尝试了各类AI工具和工作方法，却发现所产出的内容根本无法应用。"实际上，我想传达的核心观点是，找到AI的破绽、产出内容有AI味儿，其实很容易，但关键在于，如何使生成的内容摆脱AI味儿，真正发挥其商业价值，这正是人类的独特价值所在。

下面举个例子，我们或许在网络上看到过一些由AI生成的视频，这种视频虽然看起来很有趣，但很容易让人察觉到是由AI生成的，因为由AI生成的内容往往显得生硬、缺乏自然流畅性。我们不禁思考，如何让由AI生成的内容看起来更自然、更接近真实拍摄的视频呢？答案是将由AI生成的内容与真实素材相结合。可以准备一些真实场景的素材，比如喝茶、走路、望向窗外、上台讲话等，这些素材可以捕捉到人物在不同情境下的真实情绪。对这些素材进行标注，比如标注"开心""专注""沉思"等情绪标签，构建一个本地素材库。接下来将由AI生成的内容与本地素材进行混剪。这样，视频不仅保留了AI生成的高效性，还能通过真实素材的融入，让观众难以分辨视频是否完全由AI生成。

以我们服务的柏荟集团的郑韩文为例，给他看我们制作的视频时，他甚至无法分辨这是否是他自己亲自拍摄的。我们通过混剪，结合他的本地素材库、数字人转场，以及对情绪本地素材的标注，再加上相关的故事文案，利用智能混剪将所有元素整合在一起，并加入一些知识可视化的部分。如此一来，你所制作的视频不仅高效，还能真正地实现商业应用。

如今，不仅我，很多老师都在以类似的方式制作视频。有人说，希望借助AI撰写小红书内容，但发现生成的内容有一眼就能看出的AI风格。不过，我想进一步探讨的是，由AI生成的内容是否真的无法满足实际的营销需求？实际上，你的公司可能每天都有营销需求，需要进行持续的内容传播，而且往往要求全员参与。那么，在这种情况下，由AI生成的内容是否可以作为一种补充手段呢？例如，麻六记可能会宣传"必吃的三道菜是什么？"，这种内容完全可以根据不同员工的风格和视角进行多样化创作，形成日常的传播素材。再例如，迪士尼几乎每天都在宣传"必玩的八个景点或项目"，通过不同的角度和故事来吸引游客。同理，你的行业和产品也可以有类似的攻略和避坑指南，这些内容完全可以成为日常传播的一部分。

再比如，在客户邀约和回访方面，AI技术已经能够生成高度个性化的邀约信息和回访报告。例如，在美容或健身行业，当顾客即将前来体验某个项目时，AI可以根据顾客的过往消费记录、偏好和行为数据，生成针对性的邀约信息。这种邀约信息不再是千篇一律的模板，而是能够体现出对顾客的个性化关怀，从而提高顾客的响应率和参与度。在顾客完成服务项目后，AI同样可以生成详细的回访报告。这些报告可以根据顾客的反馈和实际体验，提供有针对性的后续建议和服务。例如，美容院可以利用AI分析顾客的皮肤状况和护理历史，生成个性化的护肤建议；健身机构则可以根据顾客的训练记录和身体数据，提供定制化的训练计划。这些由AI生成的内容不仅能够提升客户的满意度，还能成为企业日常运营的一部分，帮助企业更高效地管理客户关系，实现营销和服务的自动化与个性化。

所以，我再次强调：找到AI的破绽并不难，但找到AI在真实商业场景中的应用边界，并形成日常可用的方法，为公司带来持续的宣传效果，这才是我们真正运用AI的价值所在。

有些朋友可能会说，除了你们的"练练"工具，市面上还有很多AI训练工具可以打分。确实，AI训练工具都可以用于员工的销售培训，员工每次完成销售任务后，AI可以对其表现进行打分。但问题在于，AI基于什么标准打分呢？你需要明确告知AI如何理解你公司的产品，包括如何回答客户的问题、是否展现同理心、是否进行类比、是否讲述案例等。这些角度可以帮助你梳理公司的销售策略。

销售策略本质上是一种品控策略。比如，基于公司产品体系制定的表达策略是否可以做到日常且精准呢？再比如，员工每天需要进行训练，学会搭建知识库。但在使用AI搭建企业知识库时，很多人会遇到知识库调用不准确、无法应用等情况。如果仅将其应用于智能客服，必然会出现问题。但如果让AI成为日常工作的一部分，为员工提供销售话术、方案制定、服务提醒等支持，那么销售策略是否能够产生价值呢？

如果AI知识库生成的结果不符合预期，可能是你梳理知识库的方式存在问题，或者预处理的文档没有按照AI的语言进行翻译。知识结构之间是否可证伪？在向客户实施策略落地时，是否形成了执行步骤？如果你给AI输入的是一些模糊不清的内容，AI当然会生成模糊的结果，因为它需要可抓取的逻辑结构和语言体系。因此，文档预处理的质量决定了知识库未来调用的效果。知识库与员工之间的互动，通过打分和抽取优秀话术重新"喂养"知识库，是否可以形成一个半自动化的自迭代机制呢？

很多人在面对新事物时，会遇到各种障碍。比如，当大家都在使用传统的工具（如弓箭）时，你突然引入了一种全新的、更先进的工具（如机关枪），大家可能会觉得操作起来很困难，因为这是他们从未接触过的东西。不过一旦大家学会了如何使用这种新工具，就会发现它比传统工具（如弓箭）更有优势，能带来更高的效率和更好的效果。实际上，AI不仅是一种简单的"机关枪"，而更像一架"无人机"，具有更强大的功能和更广泛的应用场景。它不仅能提高效率，还能带来全新的可能性。因此，面对AI这样的新事物，关键是学会如何正确地使用它，而不是被短期的困难所吓倒。

因此，面对新事物时，如果你是一个使用弓箭的人，看到有人在操控无人机轰炸，可能会担心信号不好、轰炸不准确等问题。但如果你是操控无人机的人，你应该思考如何提高准确性，如何保证信号传输，而不是先给自己设置障碍，因为你可能只是简单地尝试了一下AI，并没有真正地进行商业思考。

还有一种可能是，你的商业思考在你的体系中尚未形成闭环。那么，不妨倒逼自己，为了将公司的知识翻译给AI，首先深入了解你所在领域的认知壁垒、执行方式及专业知识之间如何形成可证伪的体系。

希望以上内容能给你带来启示。最后再重复一遍，找到AI的破绽相对容易，但找到它的应用边界，形成工作方法，构建多智能体的集合，最终为你的商业带来实际效果，这才是真正有价值的。

第三章
CHAPTER THREE

第二步：萃取赋能

3-1　知识萃取：从成功经验到组织知识沉淀

截至我写本书的时候，百丽雅已经开设了13家门店，其中有4家面积超过3000平方米。我观察到一个现象，每一家门店里总有那么一两位销售佼佼者，他们的业绩往往能占到这家门店整体业绩的30%，甚至更多。

我相信很多老板的组织里都有销售团队，但团队成员的水平参差不齐。有的员工任劳任怨，但就是不出业绩；有的员工看似毫不费力，但只要出手，必然攻城略地。很多老板会说，"如果所有员工都是销售冠军就好了……""如果所有员工都像小张那样就好了……""如果我能多花点儿时间，再带出第二个'我'就好了……"

这些"就好了"的想法背后，都是希望能复制销售冠军的经验，拉齐团队成员的认知，提高团队整体的销售能力。还记得我们在前面提到的吗？AI汲取的知识和经验的高低，决定了产出成果的高低。这就意味着，如果能够把销售冠军的经验"喂给"AI，再通过AI反向训练员工，对于组织而言，必定会带来整体转化和效率的提升。

然而，我们应该怎么做呢？怎么把藏在销售冠军脑子里的"经验"变成组织里人人可学习、可复制的"知识"呢？这正是第四章我要和你重点探讨的主题——知识萃取。

01 知识、经验的提炼和萃取，价值千金

第一次听到"知识萃取"这个概念，是我刚回国接班的时候，当时听说华为都在用这样一套方法。我也很兴奋，希望能将其引入百丽雅，把组织里所有优秀的知识、经验都萃取出来，让所有员工都能学习、运用。于是，我跟下属说："你去萃取组织的知识，到时候给我们分享。"然而到了最后分享的日子，经验分享会却变成了一场歌功颂德大会。看来，知识萃取并没有我一开始想的那么简单。

我真正懂得知识萃取的真谛，是在我参与的一个学习型组织——"得到"高研院的公开分享活动中。在我进行分享之前，依照"得到"的惯例，我需要经过"打磨教练"的打磨，将我取得的成果，以及过程中遇到的挑战和解决方案转化成其他用户可以学习和应用的方法。当时"打磨教练"帮我定义了一个具体的挑战：作为"二代"，要怎样接班？

说实话，当这个问题抛给我时，我懵了。怎么接班？不就是一步一步做吗？这有啥可以说的？我相信很多老板在面

对"你是怎么做成一件事的?"这样的提问时,也会感到困惑。

后来,我的"打磨教练"采用采访的方式不断启发我:

> 老员工为什么会听你的话?
> 他们以前接送你上下学,现在为什么可以视你为权威?
> 你是先搞定高层的,还是先搞定基层的?
> 为什么会选择先搞定基层?
> ……

通过"打磨教练"的提问,我逐步拆解每一件事背后的细节和方法。在这个过程中,我深刻意识到,很多时候,如果不特意地去追问,大多数人只能看到一件事的结论,而真正有价值的部分,其实是完成一件事的过程。**这种将成功经验拆解为可复制方法论的过程,正是知识萃取的核心。**

后来,在与众多创业者的交流中,我意识到中国民营企业有无数个接班人,如果他们能从我的经验中学到哪怕一个有效的细节,都可能带来正向的增长。反观我们自己的企业,很多销售冠军可能并不清楚自己的高业绩来自哪些正确的行为。很多企业过去一直处于"花若盛开,蝴蝶自来"的状态,大量有效的组织经验未能被及时关注和萃取,造成了组织资产的巨大浪费。

试想一下,如果每一位员工都能通过学习销售冠军的经验有所成长,哪怕每个人的业绩只提高1%,对于整家企业而言,增长都是可观的。

正是自己经历打磨和萃取之后，我才真正意识到知识萃取的重要性。很多我自己都不知道的"自己知道的知识"被挖掘了出来。更何况，如今在AI的助力下，萃取和复制知识变得更加高效。这也是我专门用一章探讨这个话题的原因。

把隐性知识显性化，将一个人的成功经验转化成整个组织的知识资产。 在这个部分，我受到了互联网知识服务平台"得到"及其创始人罗振宇老师的诸多启发。

在本节中，我将结合真实案例，向你分享罗老师和"得到"总结的3个知识萃取心法：因人而来、因事而变、对继任者讲话。

02 因人而来：萃取知识，你首先得知道这个知识在谁的脑子里

什么叫"因人而来"？知识萃取的目的是将依附在个人头脑里的知识转化成组织可以应用的资产。但我们需要知道，每个人头脑里的知识是不一样的。比如在一场活动中，会有很多不同的角色：项目经理、文案编辑、商务公关、主持人、会务人员等，每个角色都有其独特的知识。

- 项目经理的知识，在于如何确保项目有条不紊地进行，确保所有环节不出错。他的知识可能包括时间管理、计划监督等。

- 文案编辑的知识，在于如何撰写吸引人的活动宣传语，让人们不仅愿意参加活动，还愿意兴高采烈地邀请自己的朋友一起参与。

- 商务公关的知识，在于怎么与潜在顾客谈合作，实现双方的利益最大化。沟通、谈判技巧是商务公关的看家本领。

- 主持人的知识，在于调动现场观众，活跃现场氛围。

- 会务人员的知识，在于如何做好后勤保障、协调各方需求，在有限的预算内实现最佳效果，把琐碎的事情打理得井井有条。

即使是同一场活动，不同角色的参与者也会有不同的视角。不同的视角意味着不同的经验和知识。

因此，当你要准备进行知识萃取时，首先要明确，你要萃取的是什么知识，以及这些知识存在于谁的脑子里。

下面分享一个案例："得到"在为华为做知识萃取时，提到了华为的轮值CEO制度。从外部来看，很多人认为这一制度是在解决权力分配问题，防止一个人长期占据同一职位，通过互相监督和制衡来保证企业的稳定经营。

然而，在与华为高层交流之后，我们发现事实并非如此。早在20多年前，华为就已经有"总裁办公会议"，后来发展为轮值CEO制度，再到如今的轮值董事长制度。这一系列制度的演变，实际上是华为培养顶级人才的计划。华为通过这种方式从一家"个人领导"的公司转变为一家"集体领导"的公司，搭建了一个出色的领导集体。其核心目的是实现企业的基业长青。

从知识萃取的角度来看，华为不仅看到了个人经验的价值，而且深知集体组织经验的珍贵。企业通过不断地挖掘关键角色的经验，将其提炼并融入集体智慧中，只有这样的组织，才能穿越周期、不断迭代、持续精进。

03 因事而变：所有的知识都是为具体的场景服务的

什么是"因事而变"？简单来说，所有知识都不是孤立存在的，都是为具体的场景服务的。

罗振宇老师曾举过一个例子：如果让你回忆并记录曾经的旅游经历，你会怎么写呢？你会像流水账一样记录几点几分去了哪里、吃了什么吗？大概率不会。更可能的方式是，你先写下最初的计划，然后记录计划的执行情况，以及执行过程中出现的变数。比如，开始觉得一家餐厅很不错，结果进去后发现是一家黑店；或者某个景点超出了预期，值得推荐。这种记录方式，正是基于具体场景的思考。

有用的知识，一定是与具体场景紧密结合的。场景变了，事情变了，知识也必须随之调整。

再举一个例子，在"得到"App上，有人提问："有同学

主动邀请我去她的公司拜访,我应该注意什么?"这就是一个好问题,有具体的场景和挑战。针对这个问题的回复如下:

> 会面前的准备:
> 1. 根据已知信息做好会面前的筹备,比如了解对方的背景、明确拜访目标等。
> 2. 了解对方会安排多少人参加,提前准备伴手礼。
> 3. 与同行者同步行程的具体信息:时间、地点、会议目标等,并提前规划行程。
> 4. 确定本次拜访的主要交流目标。
>
> 会面当天的注意事项:
> 1. 提前整理仪容,穿着得体,避免过分暴露。女士化淡妆,男士保持干净整洁。
> 2. 规划行程,避免迟到。
> 3. 如果自己带着咖啡,建议帮合作伙伴也买一份。

这样的回复是不是很细致、很落地?而且,如果你正处于"拜访"的场景中,可以直接拿来就用。

说到"场景",再分享一个百丽雅的案例。我们曾经有一个面部护理项目。在1.0阶段,美容师需要现场弄碎一种面膜的原材料,并将其混入面膜中;而在2.0阶段,为了提高操作效率,我们在产品研发阶段就将原材料直接加入了面膜,不再需要美容师手动操作了。

有一次,一位顾客到店体验了新工艺后反馈:"我还是更喜欢你们以前那种工艺,感觉更纯天然一点儿。"这位美容师没跟这位顾客多做解释，只是在下一次这位顾客到店时，直接采用了1.0阶段的手法为她操作。几个月后，我们在内部办知识萃取大赛时才知道了这个故事。难怪这位顾客总在这家门店做项目，每次都指定这位美容师，甚至只在她的推荐下充值做项目。

这位美容师根据具体情况和场景的不同，灵活调整了自己的服务方式。与全员执行2.0标准化服务相比，根据具体场景采用更利于提升顾客体验和成交转化的服务方式，才是真正的最佳经验。

中国学校教育战略咨询专家沈祖芸老师曾说过一句话："世界不是按照领域来划分的，而是围绕挑战组织起来的。"你拿到了金融学博士，也不一定就能成功推销一份理财保险。面对真实的问题时，依然需要重构知识来应对挑战。

因此，知识萃取的核心并不是知识本身，而是在具体场景中所面临的挑战及对应的解决方案。

04　对继任者讲话：当说话的对象变了时，经验就会被和盘托出

知识萃取的第三个心法是"对继任者讲话"。

在第一章中，我说我在百丽雅拜了很多老员工为师，我向他们请教问题，把知识沉淀了下来，最终出版了3本书《百丽雅安心手册》《美的约定》《百丽雅企业文化手册》。但

你有没有想过，为什么这些老员工、老师傅愿意毫无保留地传授经验？一个很重要的原因是我的请教方式。我会这样问："姨，你在百丽雅干了20多年了，如果我不是百丽雅的总经理，而是你的直系晚辈，你最想教我点儿什么东西？"

> 这种请教方式让老员工瞬间进入了"传帮带"的角色，他们开始掏心掏肺地分享服务经验和成交方法。比如，一位老员工说：坤，你还真别说，你小时候去上学都是我送你去的。虽然你现在留学回来了，也当上了总经理，但是我可是跟你妈妈一路打拼过来的……

在这种情境下，老员工不再是给总经理写材料、汇报工作成果，而是在给自己的后辈传授毕生绝学，很多隐藏的内容在不经意间被挖掘出来。

因此，做知识萃取时，最好的状态就是对继任者讲话。罗振宇老师曾分享过一个很好的类比：如果要向萃取对象提问，对比看看，下面两种方式哪种更好：

> 假如你年纪大了，你要给自己写一本自传，你会怎么写？
> 假如你年纪大了，你要给自己的孩子写一封信，你会怎么写？

显然，对于第二种方式，萃取对象的态度会更诚恳，因为有很多想要交代的。交代内容中会包括如下3种很重要的信息：

第一,踩过的"坑"。这些"坑"可能不会写在自传里,但对后辈来说价值巨大,这些"坑"有时可能是万丈深渊。

第二,合作伙伴。比如,"儿子,遇到解决不了的事儿找×××""在深圳遇到难题找王叔叔"……简而言之,会交代社会关系,让后辈知道遇到问题该找谁。

第三,更优选项或路线。这些话都是宝贵经验,但如果是写自传,可能不会写。对继任者讲话时,因为情境不一样,有些经验和知识才会被挖掘出来。

总结一下,知识萃取的3个心法是因人而来、因事而变、对继任者讲话,总结为3个要素就是人、事、情境。

在下面的内容中,我会着重围绕这3点,深入讨论如何做好企业的知识沉淀和萃取,并利用AI放大效能。

3-2 锁定方向：客观标准+主观判断+有效条件，3个维度的避坑经验

在上一节中，我们探讨了知识萃取的3个要素"人、事、情境"。当员工依靠经验工作时，他们可以在实践中运用方法、适配经验，并在遇到变化或需要修正时及时调整。然而，如果我们把错误的经验"喂给"AI，AI作为一个忠实的执行者，会一遍又一遍地运行不完备甚至有偏差的经验，轻则徒劳无功，重则越做越错。因此，萃取知识并将其变成算法这件事，比我们想象的要重要得多。在落地过程中，有许多需要注意的细节，稍不注意，萃取的方向就会发生偏离，效果也会不尽如人意。

因此在本节中，我会着重从客观标准、主观判断、有效条件3个方向，分享一些避坑经验，帮助你更好地进行知识萃取。

01 从客观标准出发，既要看到简单，也要看到复杂

首先，我想要提醒大家：很多时候，我们会将一件事的成功经验过度简化为某个单一的原因或要素，然而，在真实世界中，你会发现，一个结果往往是由几个要素甚至几十个要素叠加产生的。**我们在看到简单的同时，也要看到复杂。**

比如，当我们萃取优秀的销售经验时，不仅要看到业绩排行榜上的简单数据，还要看到那些针对特定类型的产品或特定类型的顾客所展现的差异化优势。例如，有些销售人员擅长高客单价的成交，有些则擅长批量成交低价引流品，有些受长辈顾客的喜爱，有些则能赢得年轻客群的心。

在百丽雅，我们有一个实时更新的销售排行榜，系统会记录每位销售人员的业绩。通过这个排行榜，我可以一目了然地看到，哪些销售人员的综合能力较强。毕竟，成交数字会说话，客观标准不会骗人，这些金牌销售是组织里最宝贵的资产，我也对他们格外重视。

然而，在一次周年庆活动中，我们推出了一些低客单价的优惠产品，旨在回馈老顾客并吸引新顾客。我对这次活动寄予厚望，尤其希望排行榜前面的销售人员可以发力。但结果却出乎我的意料，在周年庆活动结束后的第一周，我发现他们的表现平平，反倒是那些平常不起眼的销售人员，在这次活动中业绩特别出色。

这与我的预期大相径庭，于是我分别与这两类人进行了交流，试图找出原因。经过沟通，我了解到，平时排在前列的销售人员之所以能常年"霸榜"，很重要的原因是他们擅长销售高客单价的产品，一单的成交额能抵得上别人的几单，甚至几十单。他们的能力在于有办法把很贵的产品卖出去。而排名居中的员工，平时主要销售的是客单价相对较低的产品，他们的成交方法更多的是通过高频率邀约顾客，勤勤恳恳回访，用勤奋和耐心去打动顾客。

因此，在这次主打优惠产品的周年庆活动中，那些排名靠前的金牌销售在业绩上并未占据优势。这也让我开始复盘和反思：

我是否把员工们都放在了合适的位置上？

我是否充分发挥了大家的优势？

我是否真正关心每一位员工？

我是否过分关注排行榜上的数字？

在公司里，产品体系整体呈倒三角的漏斗状。漏斗的最上面是流量品，漏斗的最下面是高利润品。我平时的关注点往往集中在最下面的高端产品上，而忽略了其他产品。这也提醒我，紧盯大头没错，但是只用单一标准是不够的。所以，在知识萃取时，我们不能只盯着一个维度、一个群体。

其实，客观标准也可以进一步细化。在不同的标准下，

大家会有不同的表现，会产生不同的销售冠军，客观标准也会随之变化。一个标准其实就是一个萃取模型，我开始在百丽雅细化这些标准和模型。

例如，对于擅长成交高客单价产品的销售人员，我把这部分经验萃取了出来；对于擅长低客单价产品的销售人员，我把这部分经验也萃取了出来。再例如，对于适合做社区顾客生意的销售人员，我把这部分经验萃取了出来，沉淀成方法论；同样，对于面对职业精英、全职太太、政企名流等不同类型顾客的优秀经验，我都进行了萃取和沉淀。这样，我们的销售人员、美容师在面对不同对象时，都能够游刃有余了。

这就是我想分享的第一个避坑经验：客观标准是知识萃取的大方向，但标准要尽量多元、丰富。过于单一的标准会让我们的萃取变得局限。拆分结果、拆分要素，是我们在知识萃取时必须要具备的意识。

02　从主观判断出发，用提问的方式排除"自我美化"

在知识萃取的过程中，第二个避坑经验是警惕判断的主观性。为什么这么说呢？因为一个人在分享经验的时候，不管是有意的还是无意的，都会"自我美化"，这是一种表达的本性。在心理学中也称其为"夸大贡献"，在《生活不是掷骰子：理性决策的贝叶斯思维》一书中也有提到，这是使用外部视角时需要注意的问题——贝叶斯定理的思维陷阱。

此外，人们最擅长的归纳方式是根据结果倒推原因，这使很多人因为幸存者偏差，忽略了运气因素或隐藏条件。举个例子，一位销售人员能开单，他可能认为是自己努力，但真实原因可能是他更能理解和洞察顾客；他可能认为是自己真诚，但真实原因可能是他有更好的资源。因此，有时候主观判断可能是偏颇的，甚至是错误的。如果只听员工的一面之词，我们可能会被误导。

那么，如何尽量减少归因的谬误，全面理性地看待一个人的能力，并分辨出哪些经验是值得萃取的呢？

在百丽雅，以及我协助落地AI智能体的40多家企业中，我搭建了一套方法论，通过提问的方式将隐性的能力显性化，帮助我们看到更多的层面和维度。以下是我经常在萃取企业知识和经验，甚至在面试公司员工时问到的问题，以及提问的原因。这些问题适用于大多数岗位，不仅仅是销售岗位。

提问示例：

1. 上一份工作/上一个项目，你的高光时刻是什么？

人在回答自己高光时刻的时候，是最真诚、最没有防备的时候。此时的答案通常最真实。如果直接问"你做成这件事情是因为做对了什么？"员工可能会有所保留，不会完全分享经验及方法。

2. 如果让你重做一遍，你会怎么做？

当回答这个问题的时候，员工会构建和组织自己的方法论。除了分享成功经验，他们还会提到需要进一步提升的地方。这里的主语是"你"，即受访者自己。"你"怎样会更好，是为了你自己，而不是为了其他人。这样的提问方式更容易问出员工的真实想法。

3. 在所有的顾客中，你最感谢谁？

你最感谢的顾客，要么是给你下了很多订单，要么是教会你很多东西，给了你很多启发。当回忆起这样一个人时，你会细致思考为什么他们对你重要，以及你是如何打动他们的。是因为你的真诚、努力，还是会沟通？

4. 每次服务TA时，你的心态和动作会有什么变化？

这个问题的关键在于，关注过程而非结果，关注具体而非宏观。正如罗振宇老师所说，"一具体，就深刻"。回溯过程的时候，人的思维通常是线性和有逻辑的，而回忆结果的时候，往往只关注最终的成功或失败。

以上4个问题，我经常使用且效果非常好。一个好问题可以引出很多好答案，而这些答案背后就是值得我们萃取的知识和经验。希望这些方法能帮助你在知识萃取的过程中更全面、客观地评估和提炼经验。

03　不能忽视的一步：检验知识和经验的有效性

以上"坑"都避开之后，我们把知识和经验"喂给"AI就万无一失了吗？不，还有最重要的一步，千万不能忽略，那就是检验知识和经验的有效性。这其实是一个隐藏的"坑"，稍不留神，可能就会踩到。

阿里巴巴前CEO卫哲曾分享过一句话：

> 很多方法都是很好的，药都是好药，但是药三分毒。要根据条件和边界，自己评估这副药该不该吃、怎么吃。很多公司不是没吃药，而是吃错了药。

这句话深刻地揭示了一个问题：即使经验本身是好的，但如果不能根据实际情况进行评估和调整，也可能带来负面效果。

我曾经就犯过这样的错误。有一段时间，百丽雅的业绩突飞猛进，我计划快速扩张，开设更多家门店，因此需要招聘大量人才。当时，我依赖过去的经验，认为招聘那些年轻、有冲劲的新人最合适。这些新人更有意愿跟着公司一起"攻城略地"，对于正在扩张的公司来说，扩张速度是最重要的。

然而，随着形势的变化，这个经验很快就不适用了。后疫情时代，经济环境的变化导致各行各业都有不同程度的收缩，进入存量博弈的阶段。与"创业"相比，"守业"变得更加重要。这时再招聘有冲劲的新人，未必是最合适的，因为这些人需要更多的培训成本、管理成本，甚至替换成本。

过去的知识无法应对新的挑战。因此，我不得不重新思考，业务需要怎样的人才。在百丽雅需要精细运营的时候，招聘有经验的员工可能更合适。他们能更快地上手，更务实、更认真、更有耐心。

企业的不同阶段、不同需求，对人才的要求也不同，萃取的知识的有效性也会随之变化。这就要求我们在萃取知识之后、"喂给"AI之前，一定要结合现实情况、时期、市场，确认经验是否依旧有效，不然就会白费工夫。

总的来说，客观标准、主观判断、有效条件，是知识萃取时，你特别需要注意的3个维度。客观标准，要尽量多元，避免单一标准导致的局限性。主观判断，要警惕归因谬误，通过提问等方式挖掘真实的经验和能力。有效条件，要明确萃取的知识在什么场景下能真正发挥作用。我分别针对这3个维度提供了不同的解法和注意事项，希望你能从我的经验中有所收获。

3-3 能力模型：3个模型，升级组织能力

在本章开头，我曾提到自己第一次在百丽雅做"知识萃取"时的困惑。当时，我给下属分配任务时，她连问了我3个问题：

> 坤总，啥是知识萃取？
> 坤总，公司这么多人，我找谁萃取？
> 坤总，怎么做萃取？

那时的我还不像如今这样对知识萃取有着丰富的经验和深刻的见解，以至于把那场经验分享会做成了歌功颂德大会。如今，经过长时间的学习以及在几十家企业中落地AI商业化的实践，我已经有了解决这些问题的方法。

在本章前两节中，我分享了知识萃取的基本方法及要注意的"坑"。在本节中，我想要跟你探讨更具体的萃取方法，聚焦解决一个核心问题：**组织的知识萃取应该从哪里入手？**这么多业务和场景，从哪里开始才是最合适的？

换句话说，组织内最值得被提炼出来的知识是什么？哪些能力和知识是最重要、最值得萃取的？

答案还是要从实践中寻找，以百丽雅这样的服务行业为例，我认为有3个能力模型是最重要、最值得萃取的。

1. 销售模型，解决企业的生存问题——钱从哪里来？这是企业首先需要关注的模型。
2. 服务模型，产生成交后，什么样的服务能够让顾客满意，从而产生复购、裂变和转介绍？如何让企业的变现更具持续性？这是企业第二个需要重点关注的模型。
3. 创新模型，对于美容行业而言，这几年正处于传统行业的转型升级期，也站在行业发展的新风口。如何在新的市场中找到新的发展机遇？这是企业第三个需要关注的模型。

销售、服务、创新这3件事是组织内最关键的，对应的销售模型、服务模型、创新模型与企业的利润及发展高度相关。在我看来，服务型行业如果能萃取好这3个模型，就能覆盖至少80%的工作场景，并快速提升组织能力。

01 销售模型

销售模型的萃取，最简单的方法是找到各场景下表现最厉害的销售人员，向他们请教成功经验。我们经常会说：

"这个事，公司里的小张、小李、小王做得最好。"既然他们表现突出，那么这些人自然就是最佳的萃取对象。但在萃取过程中，每个人都有自己的独门秘籍，如何综合他们的成功经验呢？

关键在于找到他们之间的共性动作。比如：

小张说：我能做好销售，关键动作是ABC。
小李说：我的动作，是CDE。
小王说：我的动作，是CGF。

"取交集"之后你会发现，C动作被这3个人反复提及。那么，这个动作大概率是一个能提升成交率的"关键动作"。

萃取步骤到这里还没有结束，接下来是一个非常关键的环节：确认经验的边界和有效性。这个经验在什么场景下有效，在什么场景下失效。确认的方法其实并不复杂，就是对各种要素进行替换测试。像"实验员"一样，能换的地方都换一下试试。

举个例子，你想做一道特色菜，食谱上提供了一个经验："选优质的新鲜鸡蛋，打蛋时加入一点儿绍兴老酒，去腥。"那么，这个经验如何进行替换确认呢？比如：不是新鲜鸡蛋，要不要加绍兴老酒？不是新鲜鸡蛋，是不是要多加绍兴老酒？没有绍兴老酒，可以加料酒吗？去腥有没有别的办法？……

经过多次替换测试后，你可以验证经验的有效性。在萃取优秀销售模型时，我们通过控制变量、迭代测试，最终确定有效的销售模型包含哪些要素。

分众传媒的创始人江南春提到过一个类似的萃取方法。他说，他帮企业提炼广告语时，一定会寻找销售冠军。销售冠军之所以成为销售冠军，一定是在有意或者无意间"按对了密码"。销售冠军们都讲到的卖点，往往就是产品的亮点。

例如，他为沃尔沃提炼出了经典的营销广告文案：

> 当别人用65公里的时速做撞击实验时，沃尔沃坚持用80公里的时速做撞击实验。
> 当别人在25℃条件下做车内空气品质检测时，沃尔沃坚持在高温下做车内空气品质检测。
> 当别人开始学习沃尔沃的主动刹车技术时，沃尔沃已经开创了智能避让技术。
> 在别人看来，安全是一种标准；在沃尔沃看来，安全是一种信仰。

通过找到关键动作和话术，相信你可以提炼出适合组织的销售模型，为AI的商业化落地打好基础。

02　服务模型

一个"好"的服务模型，应该符合哪些关键标准呢？

在招聘美容师的时候，我会给公司的人力主管提建议，出这么一道题来考察应聘者：

李女士是公司的老顾客，今天她来到店里，心情特别糟糕，抱怨说："今天和我老公吵了一架，烦死了。"
如果是你，接下来会如何应对？

很多新人可能会顺着顾客的情绪往下讲，"是啊，一点儿都不理解我们……"然后跟着一起吐槽。如果这是新人的答案，那么她将不会进入下一轮面试。为什么呢？如果美容师跟着老顾客一起吐槽顾客老公，一旦后面人家两口子冰释前嫌，李女士还会来店里吗？在这种情况下，美容师的负面情绪引导可能会让顾客对品牌产生不好的印象。

因此，我们萃取了以下几个服务经验，这些经验都基于一个核心原则：**所有的沟通内容，都要做正向预设**。

1. 当顾客提到负面话题的时候，不要一起吐槽、不要提建议，她更想要的其实是你的理解。你可以说"姐，我懂你""姐，我听了也挺难受的"。在负面情绪下，不要激化问题，而是像水一样去承接。

2. **在任何场景下，都不要主动加强顾客的负面影响，而是要激发她的正面情绪**。在美容行业中，有些销售人员为了成单，会采用"威胁"和"恐吓"的方式。比如：

姐，你必须马上做一个眼部项目，因为我们女人的眼部是非常容易显老的。
姑娘，你得赶紧下订单了，这个是限量的，再晚就被别人订走了。

但是，这在百丽雅是绝对不允许的。因为在"威胁"和"恐吓"的方式下，顾客以后只要一想起这家公司，就会带着一种负面情绪，怎么可能会对这家公司有好感？

不仅是沟通，其实每个服务细节都是这样的。比如，在百丽雅的服务过程中，如果美容师的手有点儿凉，不允许说"我的手有点儿凉"，而要在暖好手后说"我已经暖好手，准备为您服务"。前者的意思是，我还没准备好，抱歉，我暂时没办法为您服务，而后者传递出"无论在什么条件下，我都准备好为您服务"的正面情绪。

3. 在服务过程中，塑造项目的价值也很关键。

有一次，一位顾客在我们的医疗诊所做完牙齿项目后，牙科医生拿镜子给顾客看最终效果。顾客无心一提："好看，好看，我老公之前一直吐槽我的牙，这下他应该满意了。"这时我刚好在巡店，就坐在她旁边，特意补充了一句："做完这个牙齿项目，您笑起来更好看了，您满意、开心才是最重要的。"**在塑造项目价值的时候，不要指向"悦人"，而是聚焦"悦己"。**取悦别人，是把自己的情绪开关交到别人手里；而取悦自己，让自己变得更好，才是正向情绪的根源。

这就是我眼中的服务准则，在每一个细节上，都要承载着对顾客的尊重和关怀。我们的每一个举动，都会影响顾客的体验，以及他对品牌的情感投射。通过正向预设、激发正面情绪、传递关怀和塑造项目价值，我们可以打造一个真正"好"的服务模型，从而提升顾客的忠诚度和品牌的美誉度。

03 创新模型

对我来说，"创新"有着特别的意义。百丽雅在我母亲的精心经营下，拥有30多年稳固的基本盘。对于一个老牌企业来说，创新是百丽雅在新时代和新趋势下能抓住机遇的关键，也是我在接班和传承的过程中能够给百丽雅带来的新增量。

每家公司都有自己鼓励创新的方式。比如字节跳动，这家公司非常强调信息透明，将尽量多的信息公开给员工。他们相信，聪明人拿到足够多的信息后，会自己做出最好的判断，从而涌现出很多好点子。可以说，字节文化里的"Context, not control"，就是它们萃取出来的一个创新模型。

那么，我们该如何鼓励创新呢？在为企业做AI商业化落地时，我和很多公司的创始人都基于这个话题展开了探讨，也形成了一些体系化的方法，我把这些方法称为创新法则。

法则一，营造成果导向型的文化氛围。

有一次，我在一家企业落地AI项目时，刚好赶上它们的早会。我旁听时发现，当时那位部门负责人在做工作复盘和部署时极度关注过程。他会询问过往的每一个细节，同时，将员工未来要做的事，几乎以每半天为时间单位，进行了固定和限制。

这种工作风格虽然有好处，能让细节确定，避免犯错，但也可能隐藏一个风险：组织会循规蹈矩，永远都在用老方法、走老路径，难以产生新思路。

后来，在帮这家企业落地AI之前，我和它的创始人一起制定了一条有关企业创新的文化价值观：营造成果导向型的文化氛围。

基于这次经历，我在百丽雅的一次全体员工大会上，专门进行了发言：

> 我们是一家拥有强大基本盘的企业，也是一家鼓励创新的公司。公司里有创始人、总裁、高管，但没有绝对的权威。我们是一家成果导向型公司，谁能够为顾客创造出好的体验，为公司创造出好的业绩，为品牌带来好的口碑，谁就是我们这个领域的老师。

企业创始人、经营者的风格大概率决定了企业的文化氛围。关注过程，我们获得了确定性，也丧失了可能性；而关注结果，我们可能会承担一些不可控的风险，却也获得了更大的想象空间。从员工层面，获得更大的自由度后，他们的创意更容易被激发，从而为企业贡献自己的智慧。

法则二，研发企业的创新流程。

创新的主体不能局限于企业创始人、经营者身上。一家活力型的企业，创新的源头往往来自员工。管理层要做的，是在企业内营造创新氛围，形成创新流程。

在公司里，我会用一套激励型的思路来鼓励创新，从精神和物质两个层面给员工正反馈。例如，我会奖励那些用更短的时间完成日常工作的员工。如果你能用2小时完成别人4小时的工作，那么我会提供分享的场合，让你被所有人看见，让更多的人向你学习。同时，对应的奖金也不少，归根结底，创新不是员工的义务，而是其对企业的帮助。

企业形成创新和分享氛围后，我惊喜地发现，员工们开始"积极内卷"。他们建立了一个公司内部的经验分享群，昨天解决了一个新难题，方法发群里；今天成交了一个大顾客，话术发群里……与之对应的是，群里伙伴们由衷的感谢、管理层即时反馈的红包、大家"催促"拆解案例的消息。甚至，公司职位晋升在这样的氛围下也都更容易形成共识：个人做得好，做销售冠军、拿奖金，当之无愧；还能带领伙伴们一起提升，帮助公司做出改变，这才是一个企业领导者的画像。

法则三，设置"创新者"和"终结者"。

创新，是有边界的。无边界的创新，轻则影响公司利益，重则破坏公司战略。我曾经差点踩坑。

刚接班那会儿，有位企业家顾客跟我聊天，她说自己每晚都会失眠，但是每次来百丽雅做项目时，都能在美容床上安稳地睡个午觉。当时的我感觉发现了一个商机：能不能在百丽雅旗下打造一个轻型的生活美容模式，专门在写字楼里租一个不算大的空间，为上班族提供一些轻型项目？

我觉得这是刚需，说不定是企业的第二增长曲线，所以那时很起劲地张罗，甚至喊了好几位朋友到公司，准备大家商量一些落地策略，直接开干。

就在这时，我的母亲出现了，给我提了个醒：这个思路不太合适。我的母亲对于百丽雅的顾客群体、服务模型、商业模式及整个美容行业市场有几十年的实战经验和积累，她告诉我：

> 百丽雅的品牌价值在于服务一线城市里的高端人群。很多顾客把到百丽雅做项目当作给自己的一份礼物、一份生活中的仪式感。如果今天我们把原先的模式改为快捷、便宜的模式，恐怕会影响品牌的核心价值。

我很认同母亲的话，所以及时喊停。虽然自己最开始的想法没能落地，但是我收获了一个更重要的思维：**公司在创新的过程中需要设置一个"喊停者"的角色。**

创新意味着新机会，也意味着潜在的风险。所有的尝试背后必然有沉没成本和无法细致估量的代价。**"喊停者"不是阻断创新，而是在帮助企业提高创新的正确率。**

3-4 激励驱动：将分享经验的习惯融入组织

从我接班百丽雅开始，就经常听到其他行业的朋友对我说："坤总，真羡慕你们美容行业，'造场'能力实在是太强了。"他们口中说的"造场"能力强，其实是指美容行业的线下营销活动总能办得很高级、很会营造氛围，能够给顾客带来很好的体验。更重要的是，在这些活动中，可以让顾客认可品牌，从而产生更多的复购、增强与品牌之间的联系。

但"造场"能力不仅可以应用于对外的营销活动，在组织内部也可以应用"造场"思维，激发团队的意愿。

前面我向你介绍了知识萃取的重要性和方向，接下来更进一步，把知识萃取和沉淀变成一种习惯。这些知识也会变成我们"喂给"AI的数据。知识越多，数据越丰富，AI的能力才会越强。

那么如何营造一个好的知识分享氛围呢？关键点可以总结为两个字"造场"——具体地说，就是"造"好3个场：会场、钱场和人场。

01 会场

在之前的章节中，我分享了自己与AI结缘的故事。在罗老师的跨年演讲上，我的商业化成果第一次正式公布。我坐在台下，心里既沾沾自喜，又忍不住打量周围人的目光。我知道自己做得还不够好，但有机会被当作案例、被更多人知道，还是让我非常激动的。在那个会场里，我深刻体会到了被看见、被认可的重要性。之后我也经常跟别人分享这次体验、交流我的心得。

回到百丽雅后，我也想在公司内部复制这种经验，激励员工。于是，我组织了一场销售复盘会，请销售冠军们上台分享经验。我本以为他们会充满激情地慷慨陈词，但没想到他们最后却支支吾吾、草草了事。

复盘之后，我才发现问题所在：大家都太熟悉了。台上站着的分享者和台下坐着的观众都是彼此熟悉的同事，很多还是在一个团队里一起奋斗过的伙伴。平时大家嘻嘻哈哈，所以当分享者在台上分享的时候，难免心里犯嘀咕：大家平时都是平起平坐的，我今天凭什么能当大家的老师？

这让我开始思考，如何才能打消分享者的顾虑？后来，我和高管团队讨论后决定，增加一些仪式感，改变分享的场所。

具体做法如下：扩大观众群体，除了销售人员，还邀请了很多其他部门的员工、领导；丰富分享主题，不再局限于对销售经验的复盘，而是扩展到对组织经验的分享上；精心挑选分享场所，选在领导做汇报才使用的大展厅，还专门给分享者配上了领夹麦克风、架上摄像机，并在展厅门口为每一位分享者做了专属的宣传易拉宝。

这些改变只有一个目的：让分享者真正体会到作为"老师"的身份和仪式感。没想到，就这几个小变化起到了非常正面的作用，分享者们的状态焕然一新，分享内容丰富了，逻辑清晰了，讲得头头是道。分享现场高潮迭起、掌声不断。

这其实就是"会场"的设计。我想特别强调的是，会场不仅是一个物理空间，而且是一个打造氛围的场所。会场设计必须让一个人站上台时，感觉自己是主角，精神抖擞，迫不及待地想把所有经验分享出来。

会场，就是精神的高地。

02 钱场

在百丽雅，除了能激发状态的会场，还有一种特别的场——"钱场"。会场是为了营造情境，钱场则是给员工看得见、摸得着的实际利益。利益也能激发员工的意愿。

为了鼓励员工进行不同形式、不同层次的分享，我们在内部设定了各种各样的激励措施,把奖励分为3个梯度,以下框架供你参考。

第一个梯度的奖励,针对的是那些可以供组织和团队复制的细节经验。比如,员工分享的话术经验、朋友圈优质评论模板、与顾客的聊天邀约对话框架等,这些经验一看就懂、一学就会、一用就有效。

举个例子,有员工在工作群分享:

> 这是李姐第三次来百丽雅××门店。在李姐晚上休息前,我提醒了她注意事项,并表达了关心。李姐对我和百丽雅的印象都非常好,也跟我预约了下次理疗的时间!

然后这位员工还附上了聊天截图和话术。

这样的分享有细节、有结果,还能看到她是怎么处理与用户的关系的。这就是一个好的知识萃取素材,值得激励。

第二个梯度的奖励,针对的是那些能站在更高的维度,为公司的某个具体项目提出优化建议的经验。这些经验能实质性地提高效率或者营收。

第三个梯度的奖励,针对的是公司中更厉害的高手,他们能提供公司战略层次上的创新想法和见解,甚至为公司关键决策提出建设性的建议。

也就是说,第一个梯度的奖励,针对的是可复制的经验;第二个梯度的奖励,针对的是项目的迭代优化;第三个梯度的奖励,针对的是战略的创新和执行。

需要提醒的是，分享这几个梯度的奖励，并不是希望你照搬，而是想告诉你这背后的框架，供你参考。在设置奖励时，将其设计成一个激励系统，而不是单点行为。

在打造公司的钱场时，有一点需要特别注意：

不要把经验分享变成绩效考核的一部分。这是一个常见的误区。

钱场的目的是激发员工的意愿，而不是变成硬性任务。如果变成任务，不仅让原本充满创造性和自发性的分享活动变得机械、呆板，也让员工感到压力倍增，产生抵触情绪。甚至，还可能引发弄虚作假的行为。这不仅损害了团队的信任，也削弱了钱场策略的实际效果。

因此，在实施激励的时候，一定要有核实和监督环节。只有恰到好处地使用激励措施，钱场才能发挥最大的价值，推动团队不断向前。

03　人场

会场，从执行和设计难度方面来说相对基础，每家企业都可以通过精心设计来营造氛围；钱场，涉及规则和激励系统的设置，落地难度稍高；人场，难度最大，因为"人"在管理维度上最复杂，且带有强烈的主观性。如果你能打造好人场，并将其与会场、钱场结合，一定可以更好地放大知识萃取的激励效果，在更高维度上激发组织活力，为AI的赋能获取更多、更丰富的优秀经验。

人场，重点在于营造氛围，促进大家的互动和讨论。

在萃取知识的过程中，每一位参与者都很重要。他们的反应、提问、反馈、补充，都能推动交流更深入，碰撞出思维的火花。

在百丽雅，我们每个季度都会举办一次知识萃取大会。我还记得第一次大会时，一位员工分享了一个让我至今难忘的案例。

> 她提到，有一个消费能力很强但性格高冷的顾客，每次来做项目都不爱说话。有一次，这位顾客的生日快到了，美容师想送她一份特别的礼物，但是不知道她的喜好。
> 这位美容师在淘宝上发现了一款可以定制图像的马克杯。联想到这位顾客在朋友圈不晒事业、不晒包包，但是经常晒自己的儿子和女儿，基本上每条消息都不离自己的孩子。于是，这位美容师就把顾客朋友圈中孩子的照片分别印在了两只马克杯上，装成一套礼盒送给了这位顾客。收到礼物后，这位顾客居然感动地流下了眼泪。

这个案例背后有两个可以学习的宝贵经验：

一、多多关注顾客的朋友圈，从中获取更多的顾客信息（不是指隐私），以更好地服务顾客。

二、顾客的沉默寡言并不意味着难以建立联系，只要用心，就能打动对方。

这位员工的分享引发了大家的共鸣，大家纷纷点头并自发鼓掌。她的分享不仅启发了其他美容师，还激发了更多人分享的热情。会后，很多美容师都自发地交流他们"爱顾客"的细节，在之后的服务中也产生了更多的好方法和好经验。这也是百丽雅一直要求员工的：爱自己的顾客，比他/她的爱人爱他/她还要多。

在百丽雅，我们经常能看到这样的场景：一位员工分享自己的心得时，其他人被他的观点和做法所触动，或者提出了新的问题，让话题变得更加具体和可落地。这种深入的交流和互动，不仅让分享者本人获得了新的启发，也让其他人从中受益。这种分享带来的好处是显而易见的：增加了组织知识的沉淀，让员工对自己的成长更加笃定。

人场，就是人抬人、人启发人、人点燃人。

然而，在构建人场的过程中，也需要注意一些问题。人和人之间有时会有一些小心思。比如，分享者担心方法外泄，失去优势；销售冠军担心自己无法保持优势，故意藏着掖着；观众见不得人好，故意砸场；或者有人牢骚满腹，传播负能量："培训分享不是公司的事儿吗？干吗耽误我的时间、损害我的利益？"这些行为在百丽雅是严格禁止的。否则长此以往，会慢慢演变成恶性竞争，导致团队氛围紧张甚至分裂。

在百丽雅，人场不仅强调员工互相捧场，也强调管理层要管好这个场。我们设立了一个总经理信箱，如果一线员工发现了一些关于知识萃取的负面行为和负面影响，可以直接向上反馈、提不记名的建议。为了消除所有员工的疑虑，我们声明，在总经理信箱的位置，绝对不安装监控，努力营造积极正向的、透明公正的氛围。

总之，在百丽雅，这3个场——会场、钱场和人场——不是互相独立的，而是通过精心编织的网络紧密相连的，把员工们的知识聚拢在一起，成为AI的数据基础和营养成分。**会场的激情四溢，钱场的物质激励，人场的互相链接，目的都是努力给公司创造积极向上的萃取氛围。**

氛围对了，意愿就到位了，分享经验的习惯也会自然融入组织。组织的知识沉淀，也会迅速提升，成为日后重要的竞争力。

3-5　落地复制：让所有员工都拥有老板的能力

在帮助很多公司做知识萃取的时候，我经常会发现一个现象：老板本人是公司绝对的权威。比如，在会议上，当老板提出一个想法并征求大家意见时，往往无人发言。等老板表态后，大家才会随声附和："老板，你太厉害了。"

从好的方面看，这说明老板的能力强；但从坏的方面想，如果老板变成了公司的天花板，其他员工就丧失了提升的空间，AI商业化落地的可能性也会大打折扣。

事实上，老板可能只是在综合能力或者经营管理能力上更强，但在一些专业领域或单点技能上，一定有比老板更厉害、更值得被看见的员工。在我的公司，如果有人对我说："坤总，你真厉害。"我甚至会有点儿担心。

我希望公司的每一个部门、每一条线都能有自己的优秀模板和最佳实践。以前，这似乎有些困难，需要经过重重招聘、筛选和培训，才能找到那个最优秀的员工。但现在，我们可以借助AI将企业的优秀经验萃取出来，并复制给更多的普通员工，实现组织效能的提升。

这也是我想跟大家强调的：**知识萃取的目的，不是萃取本身，而是萃取之后的赋能。我们最终希望达到的效果是，所有员工都拥有老板的能力：人人是销售冠军，人人是高手。**

01　知识萃取的关键问题

知识萃取的关键问题是什么？当我们萃取知识之后，很多人会把这些知识灌入AI系统，让AI开始学习，形成一套模型，再用这套模型来训练员工。但你是否记得，我们之前提到过，AI的性能有一个非常重要的维度——数据。数据的数量和质量会极大地影响模型的有效性。因此，我告诉很多老板，知识萃取不是一次性工程，而是需要在组织内持续运营的工作。

因此，在确认当前模型之后，仍有一些关键问题需要解决。这些问题我们之前提过，但因为特别重要，需要反复提及。这些是我在百丽雅总结的经验，需要在知识萃取时注意。

这些关键问题分别如下。

第一，标准：什么是好的经验，什么是坏的经验？

我们说过，经验的好坏关键在于其是否可复制。一个经验别人能复制和借鉴，才是好的经验。如果你问一个销售冠军怎么销售成功,他回答:"很简单,会说话,爱聊天,喜欢琢磨就行。"这样的答案完全无法落地,在萃取知识时应该严格筛掉,不让其进入AI的数据库。那么,如何才能获得能落地的好答案呢?关键在于提问的方式。很多时候,不是别人没有答案,而是你的问题让人无法回答。

举个例子,"销售冠军是怎么销售成功的?"这个问题可以拆得更细一些,换个问法:

> 怎样能够快速获得顾客的信任?
> 怎样能够快速成功推进第一笔交易?
> 怎样能够让顾客产生复购行为?
> 怎样让顾客转推荐?

这几个问题其实是"销售成功"这个大话题下更细颗粒度的拆解。更具体的提问能为回答者提供明确的回忆线索和思考方向,从而帮助你获得更精准、更有价值的答案。只有这样,你才能将获得的答案、知识、经验输入AI,实现经验的复制、反馈和培训。

因此,在提出一个问题之前,我们可以先问问自己,这个问题还能否拆解得更细一点儿?能否拆出更多的要素?就像人类吃有营养的食物才会让身体更好地生长一样,给AI输入优质的、具体可落地的数据,才能进化出强大的模型。

第二,执行:有些经验太细节,没办法手把手教怎么办?

有些老板会担心,是不是细节太细碎、太多,没办法教？其实所有的经验都可以被算法化。

以百丽雅为例，在门店接待顾客的时候，我们会根据顾客类型（如精英、企业家、网红、政要等）提供不同的服务流程和沟通方式。过去，我们依靠老员工的经验，通过观察顾客的穿衣风格、沟通方式、表情举止等来判断顾客类型。现在，我们将更多的数据、特征、标签导入AI，即使是新入职的美容师，也可以让AI成为她的老师傅、真教练，帮助她进行判断，匹配更好的服务流程。例如，新人可以在AI界面描述顾客的特征和细节，让AI根据过往的经验和标签给出更准确的答案。这样AI就能很轻松地帮助新人成为门店最资深、最有经验的"美容师"。

因此，不怕细节没法教，只要让AI尽量多地吸收经验、数据，AI就能成为每一位员工的24小时私人教练。

第三，意愿：怎么让员工愿意贡献智慧？

回顾前面提到的，通过会场、钱场、人场的方式激发员工的意愿、营造氛围，是让员工愿意贡献智慧最好的助推剂。

第四，驱动：该如何面对"人狠话不多"的专家型员工？

在组织内，总有一些人不愿意说话，尤其是专家型员工。他们沉浸在自己的技术细节中，两耳不闻窗外事，主打"人狠话不多"。这样的人，该如何驱动呢？

有一次向专家提问的时候，我发现了一个新的提问策略——激将法。比如，我不直接问他怎么做，而是向他提问："听说另一位专家在处理类似问题时，采取了这样的策略，在我看来已经是最好的策略了……"相信我，这句话就像一把钥匙，往往能瞬间激发专家型员工的"战斗欲"。他们往往不甘示弱，会主动分享自己的看法和经验，说不定他会提出更好的解决方法，哪怕没有，也能给你提供一个解决问题的新视角。

第五，文化：如何把知识萃取的思想植入团队价值观？

将一个新动作嵌入大家的工作日常，形成共同的意识和价值观，最简单的方法就是展示现实。你还记得我提到的A/B测试组的案例吗？人们更愿意相信自己看到的现实，而不是听到的。把对比情况摆在眼前，比倡导怎么做多少次都有用。人们会被周围的环境影响，当知识萃取、AI赋能真的能给组织带来好处时，就会形成一种人人用AI的文化氛围。

知识萃取不是一朝一夕的事，但只要我们一直做、持续做、不停地做，就一定能保持知识的更新，也能实现习惯的形成。

02　AI训练的4个层次

在我们养成了知识萃取的习惯，将源源不断的知识作为数据"喂给"AI之后，接下来该怎么办？我们如何借助AI的模型来训练员工呢？

在百丽雅，我要求员工们从4个层次用AI的力量来提升自己。这4个层次分别是：话术层次、体感层次、意识层次、扭曲现实层次。

第一个层次是话术层次，为什么我们如此强调"话术"呢？ 不同AI工具的作用是不一样的，而"练练"这个工具主要是通过收集各业务场景中的对话，提炼出算法，并与员工对练。话术是实现真实场景模拟的关键，每一次对练都是一次反馈和纠偏的机会。训练的强度直接影响话术提升的速度。

话术层次只是开始，第二个层次是体感层次。

体感是什么？话术停留在"纸面"上，但纸上得来终觉浅，绝知此事要躬行。在美容行业，很多美容师在新产品或新项目上线后，会自己先体验。为什么呢？当你想向顾客推销一款产品时，最好的方式是："你看我也用了，我使用之后的心得是……"

在百丽雅，因为我们的产品过硬，所以很多员工会自己先体验新推出的产品。例如，之前提到的牙齿美容项目"璀璨之谜"，很多美容师自掏腰包做了。非常重要的一点是，他们从销售人员变成了消费者。在体验的过程中，美容师能更清楚地了解顾客在哪个环节上会有所担忧、能觉察到一些细微的情绪。有了真实的体验,他们对话术的理解自然与众不同。亲身体验,才有体感。

第三个层次是意识层次。

在百丽雅,我反复强调,训练话术和自身体验的目的都是让我们的意识更加敏锐。为什么销售冠军总能轻松成交?为什么销售冠军在某个场景下知道脱口而出这样一句话?这么多话术,为什么偏偏说了这一句而不是那一句?

这背后就是对成交的直觉。这种直觉是在千锤百炼之后自然而然形成的。在百丽雅,我们通过"练练"工具训练美容师时,会进行身份模拟。正如前面提到的,顾客有不同的类型和沟通的风格偏好,你今天可能遇到一个好说话的顾客,明天可能遇到一个十分严谨的顾客……我们会让"练练"扮演不同的身份角色,尽可能地模拟现实,在话术对练中提出更多的问题,让员工应对。

对于员工来说,需要在多种场景下以多种身份跟AI对话。不仅是与AI对练,还要让AI模拟现实服务场景,让员工感受真实环境。多次训练之后,员工才能迅速找到成交的意识。

第四个层次,我称之为扭曲现实。

在解释"扭曲现实"之前,我先分享一个乔布斯的故事。当时iPhone 4横空出世,但是市场反馈其存在故障——当有人接触到机身下方的不锈钢带时，手机信号会出现减弱或中断的情况。乔布斯在给一位反映手机信号问题的用户回信时写道："不要那样拿手机就是了。"乔布斯对自己非常坚定，并且有一种强大的气场，不论面对谁、谁对谁错，都要让对方接受他的观点，最终被他影响。在我看来，他是拥有"扭曲现实"能力最强的人。

我分享这个案例，不是为了让你也像乔布斯一样练就"雄辩"的能力，而是希望你也能练就一身"信念感"。**信念感，是你对自己的产品有足够的自信和热情。当一个人完全相信，甚至狂热地相信自己做的事时，他说出来的话一定是有感染力的。**

这种能力，通过AI也是可以训练的。例如，信念感可被拆解为对产品的熟悉程度（这一点不言而喻）和由语音、语调、语气、语速、肢体语言、动作表情等构成的"感觉"。比如，是不是应该多说肯定句而不是疑问句？冗余词的数量需要控制在多少个以内？语速上，每分钟至少要说多少字才合格？AI都可以给出训练反馈，这些都能帮助员工修炼信念感，让员工变得自信，也让顾客更容易相信。

员工可以成为销售冠军，甚至成为领导、老板。如今，百丽雅的很多店长都是当年跟着我母亲从基层做起的，一步一个脚印，日积月累，直到今天。

03　AI落地复制的案例

如何复制老板的能力，让每位员工都得到AI的支持？在我们的门店里，有一款医美设备——"黄金超声炮"，主要用于帮助我们的顾客改善皮肤，恢复皮肤的年轻态。以往，关于这款产品的销售培训方法非常传统：收集一些业绩好的老员工的经验，然后手把手教给新人们，用类似师徒制的方法带教带练。但是，这种方法存在一些问题：师傅也有自己的业务，没有足够的时间和精力带新人；产品卖点的总结也总是不够全面。为了解决这些问题，我们借助AI来提炼卖点并训练员工。整个过程分为如下4个步骤。

第一步，输入信息。

我们将"黄金超声炮"的所有产品信息及公司过去所有的知识资料导入AI资料库。这一步的目的是让AI能够全面学习和消化这些资料，为智能分析和应用奠定基础。

第二步，发出指令。

我给AI的指令是："请以'黄金超声炮'为主题，用'不是，而是'造句100条。"这里要强调的是，"不是，而是"这个要求非常重要。因为在销售场景中，行动的产生在很大程度上是因为认知被推翻。只有改变了顾客的看法，才能打消他们的疑虑，并进一步推动行为的改变。AI根据指令生成了100条关于"黄金超声炮"的金句，例如：

1. 使用"黄金超声炮"不是仅仅为了外在美，而是为了更深层的年轻化。
2. 该设备的使用不是无规律的，而是有科学的间隔和方案的。
3. 使用"黄金超声炮"不是替代其他美容方法，而是与其他方法结合使用更有效。

第三步，筛选与延伸。

接着，我让销售冠军和业务专家们根据自己的经验，从100条金句中选出30条自己认为最有效的，继续给AI指令："假如这30条是销售话术，顾客在问出什么样的问题时，销售会回答这些内容？"AI据此帮我延伸出了30个顾客提问的场景。通过这样的流程，AI帮我们逐步提炼和总结，反哺业务。

第四步，用户画像与案例输出。

最后，我们将用户画像提供给AI，并向AI提问：

假设以上问题和答案，是顾客与销售人员的对话，请按照传统企业家、职场精英、全职太太、网红、公众人物五大类用户画像，基于以上问答内容，给每一类用户画像输出一个成功的销售案例或者销售故事。

经过这4步，一个围绕产品的完整知识库就被梳理了出来，包括产品、卖点、场景、话术、故事和案例。接下来，我们就可以让员工与AI对练，提升他们的销售能力，最终实现产品的销售业绩提升。

之前有老板问我："坤总，AI的目的是什么？"在我看来，AI带来的不仅仅是一次技术革新，从更务实的角度来说，它对老板们而言是一次机会，让我们有机会释放自己的时间、释放员工的潜能、实现能力的复制。

学好AI、用好AI并不困难，也不复杂，关键在于**知识萃取、模型优化、落地执行和不断训练。将这些事情融入我们的日常，形成习惯，变成肌肉记忆，自然就能取到更好的结果。** 在我们训练得足够多之后，量变引发质变，通过AI放大赋能。哪怕是最简单的招式，一出手也会不同凡响。

第四章
CHAPTER
FOUR

第三步：应用落地

4-1 工具思维：问答—集成—领导，AI工具使用的3个层次

在本书的第一章和第二章中，我探讨了AI商业化落地为创业者带来的无限想象力和可能性，以及如何从高价值、高情绪、高频率的业务场景中挖掘适合企业的AI赋能路径。然而，在明确了AI战略和赋能路径之后，很多企业家可能会问：如何让AI真正落地，并在我们身边发挥作用呢？这正是第四章要重点讨论的话题——AI工具思维。只有将战略转化为具体的工具应用和实操步骤，才能将想法变成现实。

01 具备"AI工具思维"，是AI商业化落地的关键一步

打个比方，你就能理解"AI工具思维"的重要性了。时光倒退回20年前，我们正经历一场商业革命——系统、流程、业务的信息化、数字化。比如，现在我们熟知的OA（办公自动化）、CRM（客户关系管理）、ERP（企业资源计划）

等系统，都得益于20年前的那次革命。借助数字化工具，企业节约了大量的人力消耗、流程消耗，效率大幅提升。

当时，许多企业经历了改革的阵痛。跟上的企业实现了效能的跨越式提升，而落后的则逐渐被市场淘汰。这种分化的原因是什么呢？难道落后企业的老板们看不到趋势吗？

让我先问你一个问题：如果当时有一个老板完全不懂计算机思维、信息化思维，不了解数字化的意义，他能完成信息化转型吗？在我看来，这是不可能的。你可以不懂编程、代码，但只有具备数字化思维，理解变革的必要性，才能推动企业改革。

当时有一句话："不变就是等死，变就是找死。"现在看来，这句话并不完全对。在我看来，如果老板不懂计算机思维、信息化思维，才会"等死"或者"找死"。

回到今天，如果一个创始人没有AI工具思维，或者对于AI不具备基本的认知，不知道如何用好AI，或者只想当甩手掌柜，把一切交给团队、下属，那么AI商业化落地是很难成功的。那么，如何培养自己的AI工具思维呢？面对市面上的海量资料，从何入手？这可能是很多老板止步于AI门外的最大疑问。

经过我的学习和实践，我发现只需理解3个层次的AI工具应用：**问答、集成、领导**。**掌握这3个层次，基本可以驾驭90%的AI新工具。**

我希望这一章不仅能给你带来创始人的美好愿景,还能让你真正上手实践AI工具,让AI帮你节约每分钟的投入。

02　3个层次,武装你的"AI工具思维"

接下来,我会带你深入了解这3个层次的内涵,帮你构建对AI工具思维的基础认知。在本章后续内容中,我会逐一为你剖析。

先从第一个层次讲起:问答。

最典型的问答型AI应用,就是风靡全球的ChatGPT。很多初涉AI领域的人会认为,问答很简单,就像跟Siri说话一样,一问一答,然而事实并非如此。如果仅将ChatGPT视作Siri,与在搜索引擎中输入关键词、按下回车键并无本质区别,你所得到的答案仅停留在搜索层次,与真正的人工智能还相去甚远。毫不夸张地说,你可能只发挥了AI不到1%的功能。

那么,如何更好地利用AI进行问答呢?我们现在与AI的互动,就像二三十年前我们第一次拿起键盘和鼠标一样。当时,我们如果想让计算机执行指令、满足需求,就必须学会计算机的语言和操作方式。我们敲下第一个字母、打开第一个页面所产生的期待与好奇,和如今面对AI时的感受如出一辙。后来,计算机能帮我们实现的功能,用"超乎想象"来形容都毫不为过。

如今,我们和AI的相处才刚刚开始。我们知道,只要输入指令,AI就会给出反馈;只要提问,AI就会回答。**如果你**

能够更加精准地描述你的问题、定义你的需求，甚至给AI赋予它特定的角色，那你就能拿到更有针对性的答案；甚至，AI还可以通过前后语境，吸收的数据、信息，进行逻辑串联，真正做到"生成"答案，而非简单地匹配和搜索答案。

这一切到底是怎么发生的？到底怎样跟AI对话？以及让AI能够更高效地帮助你的"咒语"有哪些？在问答层次，我会告诉你AI的底层逻辑，帮助你更好地理解AI，提高问答效率，从而进一步提升AI应用的整体效率。

对于AI的应用，再进一步，你会来到第二个层次：集成。

完成简单的文字对话、获取信息，只需要一个问答就够了。但是AI商业化的落地目标要复杂得多，单一的AI工具显然是不够的。

近年来，大多数新出现的AI工具来自创业小团队或超级极客，受限于规模和成本，功能大多垂直且精巧，只能解决单一问题或应对单一场景。例如，提到写文案你可能会想到Copy.ai，提到绘画你可能会想到Midjourney……

但在实际业务中，我们面对的是复杂需求，需要驱动更长的业务链条。以百丽雅为例，如果要为顾客制作生日贺卡，涉及的业务流程包括：设计、文案、策划、用户信息调取、用户触达等。如果将所有流程都AI化会怎样？百丽雅已经成功实践了。我们首先用绘图AI把我母亲的形象设计成卡通形象，作为宣传物料的主要视觉元素；然后用问答AI输入顾客信息、偏好、文案需求，生成祝福文案；最后借助客户管理自动化系统，将顾客信息及生成的电子贺卡推送给对应的美容师。美容师只需下载贺卡并发送给顾客即可。这个过程至少节省了80%的人力和物力。

这还只是制作一张小小的贺卡。事实上，AI的应用场景无穷无尽。试问，哪家企业不想获得这样的提效成果呢？

回顾这个案例，首先需要具备分析任务环节的能力，找到对应的AI工具并集成使用，产出成果并应用。其次思考如何将AI的集成化工作流程嵌入现有的公司系统和平台，通过自动化的提示和员工接入，实现效能的二次放大。这些都是AI时代下每个企业管理者都需要思考的命题。虽然我们一再强调AI对商业世界的颠覆，但我仍要提醒你，AI并非万能的百宝箱，而是能力的放大器。

学会集成使用AI，是AI商业化的进阶能力。你会发现，公司系统、客户管理平台，甚至很多大型客户端已经实现了集成化，这是市场走向成熟的必然结果，这个过程仅用了几年时间。在AI应用中也是如此。以前需要四五个工具的操作，现在可能一次性就能完成，未来这样集成化的趋势会更加迅猛。如果你具备集成化的AI工具思维，就可以在未来更敏捷、有效地使用AI工具，自然就能与同行拉开差距，占据AI时代的先发优势。

最后，如果一切顺利，你会来到目前我所见过的AI工具应用的最高层次：领导。

这里的"领导",不是说领导如何使用AI,而是你能通过AI武装自己,提升自身能力。简单来说,就像把清北毕业生分配给不同的管理者,管理者的水平决定了下属能力发挥和工作成果的高度。

下面分享一个让我颇受启发的故事:

> 当Midjourney横空出世的时候,我的一帮设计师朋友都感到非常焦虑,担心被AI替代。然而,我在跟一位游戏设计公司的美术总监交流时,发现另一群人已经开始逆天改命。
>
> 我问他:"你觉得AI会对你的工作构成威胁吗?"他似乎早已思考过无数次,并给了我一个底气十足的答案:"不会,反而因为AI的出现,我比同行更具优势。因为很多人用AI追求的是时长和数量,但我更关注的是,如何用AI激发创意和灵感。"

这就是更高明的AI领导力。看似差之毫厘,实则相距千里。反过来,我问你:**给你一个AI助理,你能不能"领导"好它?**

驾驭,只是开始。领导,才是未来。

总结一下,如果你希望在商业世界中借助AI捕捉机会,成为这波浪潮的参与者;或者希望通过AI应用实现自己的成长和能力的进化,那么接下来,我在这3个应用层次上给出的阶段性思考和实践案例,一定会对你有所启发。

4-2　学会提问：AI的好答案，在等待你的好问题

为了学习AI工具思维，在本节中，我们先从问答层次说起。

在前面的章节中，探讨过一些"AI问答"的方法，并多次提到我们合作的美容行业、大健康、保险、互联网等多个销服一体化的企业，他们的员工如何通过和AI对练和问答来提高自己的销售水平、业务能力。接下来，我会带你深入了解AI问答背后的底层思维。

AI如何读懂人类说的话？又如何有针对性地给出个性化的答案？如何根据员工的回答来打分，并提出反馈建议？AI，怎么成为人类的助手，甚至教练？

01　AI答案的水平，取决于提问的水平

回答这些问题之前，我回想起自己第一次向AI提问时的情景。当时，我仿佛面对着深渊，不知道怎么跟AI展开第一

次对话,甚至现在回想起来,当时提的问题有些幼稚。

我问了这么一个问题:

> 我要经营好百丽雅,需要做些什么?

以下是AI的回答:

> 经营好百丽雅,即经营好一家美容院或者化妆品店,需要从多个方面入手,确保您的业务可以持续发展并吸引和保留顾客。以下是一些建议:
> 1. 市场调研:了解当前市场趋势,分析消费者的需求和偏好,尤其是针对女性消费者,了解她们对于美容护肤产品的需求和流行趋势。
> 2. 产品和服务质量:确保提供高质量的产品和服务。选择有品质保证、受消费者欢迎的品牌,提供专业的服务,培养良好的口碑。
> 3. 专业培训:定期为员工提供专业技能和服务态度相关培训,确保每一位员工都能够提供高标准的服务。
> 4. 店铺环境:创造一个舒适、清洁、美观的购物和美容环境,让顾客在享受服务的同时能有愉快的购物体验。
> 5. 营销策略:运用多种营销手段(如折扣促销、节日活动、会员积分等)吸引顾客,也可以利用社交媒体和网络平台进行宣传。
> 6. 顾客关系管理:通过建立顾客档案,进行个性化服务,定期与顾客沟通,了解顾客的需求,建立稳定的顾客关系。
>
> ……

你会发现，这些回答虽然没有错，但过于笼统，缺乏具体的行动指导。难道是AI不够智能吗？经过实践的积累，我现在回想起当时的提问，甚至开始同情AI。当时我的提问方式决定了我只能得到笼统的答案。

回顾第二章中提到的百丽雅邀约短信的提问模板：

任务指令 = 定义角色 + 背景信息 + 任务目标 + 输出要求

如果我需要让AI帮我生成一条顾客邀约短信，那么我应该提供以下信息：

> 任务指令 = 这是一条邀约顾客到店的短信
> 定义角色 = 我是一名百丽雅美容门店的美容顾问，我叫×××
> 背景信息 = 我邀约的顾客叫×××，上一次是什么时间做了×××美容项目……
> 任务目标 = 邀约顾客几点几分到店接受×××项目服务
> 输出要求 = 顾客是一个什么类型的人，要求内容符合顾客设定，用词温暖、舒服……

同样地，如果再让我问一遍AI我的第一个问题，我可能会换个问法。

> 任务指令 = 我需要一份能够实践落地的商业计划
>
> 定义角色 = 我是百丽雅的×××经理，主要负责×××板块的业务
>
> 背景信息 = 目前百丽雅作为一家连锁美容机构，已经经营了30年，在深圳拥有××名用户，遇到的发展阻力是……
>
> 输出要求 = 我擅长的板块是……本计划需要符合目前3个月内的市场趋势，并且具有可操作性……尽量控制在××字内……

当然，以上提问公式只提供了一个提问思路，我们完全可以根据实际情况，继续细化问题、不断追问，让答案更符合提问者的要求。如果觉得公式很复杂，还可以通过一句一句多轮交互问答，与AI互动，最简单的思路是直接问AI："我要经营好一家美业企业百丽雅，应该如何做？我需要向你提供什么信息？"

你会发现换一个问法得到的答案天差地别。在这里我不揭晓答案，留给你自己提问、探索，对比不同提问方式所生成的不同反馈之间的区别。这也是为什么大模型兴起之后，那么多人加入对AI提示词的研究，甚至有一门学问教你如何向AI提问。

回顾一下人与人之间的问答，朋友、同事、同行业者之间，对于一些背景信息是有共识的。比如，我跟团队成员

聊:"我要经营好百丽雅,需要做些什么?"他们都知道:百丽雅的现状、"我"的角色、目前发展遇到的问题……但是这些共识在AI的"脑子"里是不存在的,所以需要我们以更好的提问方式,把背景知识"喂给"它,以得到更好的答案。

同时,这也解释了为什么搜索引擎无法满足复杂的需求,因为搜索引擎是通过你的关键词来匹配PGC(专业生成内容)或者UGC(用户生成内容)等的,内容量和匹配度都很有限;而AI是根据细化的信息、需求,"生成"一个更符合需求的答案。

02 问答的背后,是符号主义和连接主义的"对决"

提问的技巧,就留给你进一步探寻了。在本节中,我更希望与你分享的是:问答背后,AI所呈现的不同反馈,究竟蕴藏着怎样的底层逻辑。经过诸多研究,我发现AI其实是慢慢地从"人工智障"走向"人工智能"的。

一开始,AI走的是逻辑主义路线。

信奉逻辑主义的人,认为世界运行有一套固定规律。只要我们能参透这些规律,把规律抽象成AI能听懂的语言和规则,那么AI就能够按照既定的模式运行。比如,若想让AI学会语言表达，我们就把人类说话的规则拆解后告诉AI，让它去学习即可。

一个最简单的语法规则就是主谓宾。

> 我（主语）要（谓语）成功（宾语）；
> 你（主语）想（谓语）吃饭（宾语）；
> 他（主语）去（谓语）睡觉（宾语）……

这些句子都遵循这个简单的语法规则。因此，若想让AI学会语言表达，那需要为其列举各种各样的规则。规则列得越多、越详细，AI就学得越好、越精准。然而，逻辑主义却犯了一个大错：规则是无法穷举的。总有一些句子无法用"规则"来拆解。

我曾听到过一个特别有意思的提问：请问，女朋友回复一个"嗯"字，到底是什么意思？仅仅一个字，背后可能蕴含着无数种情绪。语言是如此复杂，情感又是如此丰富。规则无法穷举，逻辑自然就会出现漏洞。所以，总有一些问题是无法回答的，甚至令人啼笑皆非。试图通过逻辑主义让AI变成"人工智能"，最后却可能沦为"人工智障"。

后来，人们找到了另一条路线——连接主义。信奉连接主义的人认为，AI应该像人类一样学习，**人类的学习并非先理解规则，而是先感受环境**。

回想我们学习语言的过程，并非先学习拼音、语法，而是听着妈妈说"妈妈",听着爸爸说"爸爸",在不断地聆听中,突然有一天,我们就会开口说话了。再有一天,我们又明白了这两个词的意义。

有研究指出,人脑中大约有1000亿个神经元,神经元一旦被外界刺激,就会产生连接。只要连接足够多,总有一天,量变会引发质变,人脑就会涌现出意识、知识、思想、智慧等。学习的过程就是浸泡在一个高密度的环境里,接受高强度的刺激。

因此,AI的学习也应该是这样的。训练AI的方法,就是把AI当成一个人,给它高密度的环境、高强度的刺激。具体来说,就是海量的数据、优质的算法、强大的算力。

数据,就是教材。

AI厉不厉害,首先取决于"喂给"它的数据是否足够多。为什么ChatGPT的进化如此惊人?其底层逻辑就在于大规模的学习数据和模型参数数量的增加。从GPT-2的15亿个参数到GPT-3的1750亿个参数,增加了116倍多。而到了GPT-4,参数数量只会更多。

你提供给AI的学习材料越多,它才能懂得越多。所以,在我帮助企业落地AI智能体的时候,会把过去少则几年、多则几十年的经验、企业话术库、客户问答库全部"喂给"它,这样才能让它在培训员工、训练话术的过程中,更加适配。

算法，就是老师。

这些知识、经验、方法，你看得对不对，看完理解得好不好，需要一个好老师给予反馈。AI学习时，会用已学到的知识回答问题。算法则不断告诉AI，你的回答是对还是错。对的，让它记住；错了，让它改正。算法调教得越好，AI的效果才会越好。因此，企业员工与AI智能体之间的对话越多，在企业应用过程中，AI智能体才会变得越"聪明"。

算力，就是强度。

算力越强，学习效率就越高。算力或许会成为未来AI商业世界中的底层竞争力。1小时能看1本书和1小时能看100本书，最后的学习效果肯定是不一样的。

AI就是在海量数据环境里，被优质算法不断调教，在强大算力的加持下，昼夜不停地学习。直到有一天，终于涌现出了智能，成为人类的老师。

03　问答应用，让人工智能实现"真智能""再进化"

拆解之后，也许你就能理解为什么你现在看到的AI，与我前面提到的"练练"工具有如此大的差别，"练练"工具能够快速赋能各不同行业的服销一体化公司，这全部得益于连接主义的底层逻辑，基于海量数据、信息的"灌入"，以及持续性的反馈、迭代和生长。

"练练"工具的进化，让我们的员工能通过和它进行问答，不断提升销售水平，同时"练练"工具也提供给员工最佳反馈，进行教练式的全程辅导。就像之前提到的能复制"璀璨之谜"的销售军队，能帮助根本健康一次性招商150多家联营商，这些都用到了"练练"工具的问答能力。每一次问答都是在帮助员工们不断武装自己，也在帮助企业更好地训练自己企业的AI。在一家企业里，哪怕只用好问答这个功能，都能让效率和效果有显著提升。

本节内容的开头看似简单——学会提问，但是背后有两层深意，我希望每一位期待实现AI商业化落地的老板都能重视起来：

1. 如何使用拆解任务要素、找到对标对象、进一步细化细节的方法，定义企业自身的需求。
2. 如何利用数据、算法、算力训练应用于企业的AI，让其实现自我迭代生长，赋能企业。

这些AI工具背后所蕴含的智慧，不仅塑造了AI今天的样子，也决定了企业和企业之间AI应用水平的高低。工具所赋予人类的力量，远远超出我们的想象。这就好比拿着大刀上战场与扛着机关枪冲锋，二者之间的胜负结局往往有着天壤之别。

作为企业领导者，我们可能无法直接参与最前沿的技术革命，但我们至少可以在经营层面有所作为。我们可以为AI提供丰富的数据样本和宝贵的经验，帮助其更好地成长与学习。对于那些尚未踏上AI之旅的企业，必须清醒地认识到，AI的潜力巨大且发展速度迅猛，尽早入局，方能占得先机。

我衷心地希望，大家都能把握住这一机遇，因为一旦错失，或许就再也难以追赶。

4-3　极致应用：集成化使用AI的能力，是未来组织的核心竞争力

当你迈入AI应用的第二个层次时，你会发现效能被指数级放大了。

所谓"集成"，就是把零散的功能、应用整合起来，共同解决同一个问题。在本书第四章开篇，我就用给顾客写贺卡的案例，向你展示过集成化使用AI工具的场景。通过将复杂的工作目标拆解为多个子任务，并集中交付产出，我们可以实现更高效、更精准的解决方案。

01　集成化地使用AI工具，一个人可以抵得上一支团队

在我刚开始接触AI的时候，帮朋友做了一个产品宣传视频。表面上是帮朋友完成任务，实际上是为了训练自己的AI应用能力。当时，我正痴迷于将自己的能力与AI相结合，每

天都在尝试各种新奇的AI工具、AI插件。

那么这个产品宣传视频是怎么完成的呢？首先，我用A工具提了一些文案需求："请输出一段介绍××化妆品的文案，产品的特征和亮点是……"然后，我用B工具提需求："请根据××文字，生成产品的宣传图片；需要满足××风格……"最后，我用剪辑软件，结合一些视频素材，将所有分散的成果组合在一起，完成了这个产品宣传视频。虽然它不像专业的宣传片那样精致，但对于介绍产品来说，已经完全足够了。至于如何生成文案、图片的具体操作，网上有很多教程，我就不再多说了。

在过去，要完成这样一个产品宣传视频，需要精通Photoshop的设计师、精通剪辑的摄影师，以及擅长写文案的内容创作者。这些转化为人力成本，至少需要一个小团队三四天的时间。而现在，只要你对AI工具有充分的了解，能够合理拆解任务目标，并集成化使用工具，过去需要一个小团队才能落地的工作，现在一个人就能完成。像我这样的广告外行和影视外行，也能轻松制作出一个像样的产品宣传视频。

在我朋友所在的一家AI商业化落地企业里，一名新员工就可以借助集成化的AI工具，同时为2000位客户提供客服、作业批改、客户转化等一系列工作。在过去，这样的工作量至少需要客服人员＋销售人员＋运营人员＋老师等角色同时在岗，甚至每个角色要两三人才能胜任。而现在，人数已不再是决定效能的关键因素了。

02　比起精通工具，认识到工具的集成化更重要

很多企业领导者听到这里，可能会感到有点儿为难。

> 我本来就是技术困难户、AI小白，要我弄清楚那么多工具怎么操作、怎么应用，我真是不知道从哪里开始……

这可能是每一位非技术型企业领导者的内心独白。但我想告诉你的是，我跟你聊AI集成化的应用，并不是要给你推荐具体的工具。我接触AI以来，从入门到熟练应用，至少花了半年时间（图4.1中包含了很多AI工具）。

为什么我没有将这些AI工具一个个给你拆开讲解呢？**因为应用方法的集成化在发生，工具的集成化、平台化也在涌现**。这种趋势在商业世界中并非首次出现。

回想2000年，当大家刚开始接触互联网的时候，会发现有一种"共享软件下载平台"，这个平台上的每个软件都能实现一个非常小的功能，比如批量修改文件名、批量裁剪图片……这些功能虽然简单，但各自独立，用户需要下载多个软件来满足不同的需求。

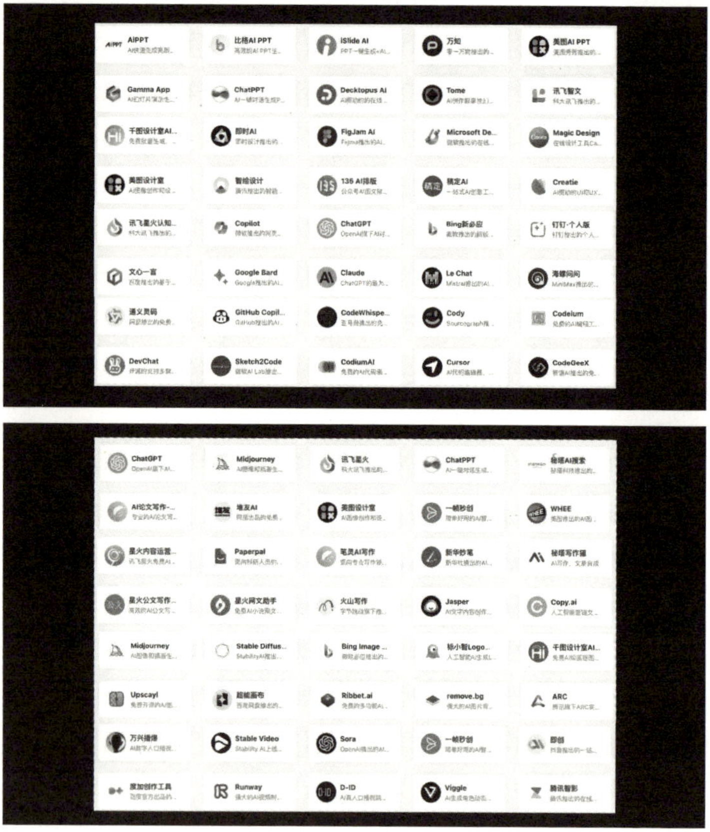

图4.1

而20多年后的今天，不管是从技术维度还是从商业模式维度来看，你会发现很多垂直功能已经集成在同一款应用软件中。例如，如果你想处理音频、文字或画面，都可以用"剪映"App完成；如果你想点外卖、订酒店、叫跑腿、叫车，都可以通过"美团"App搞定。这种集成化的趋势极大地提高了用户的便利性和效率。

AI也是如此，工具的集成化是必然趋势。在未来，能够熟练使用更多AI工具并不是一件值得骄傲的事情。因为拼时间、拼熟练度的能力，最终必然会被技术所取代。真正重要的是，我们能否高效地利用这些集成化的工具来解决实际问题、提升工作效率。

03　看到未来，集成化思维带给创业者的增长启示

我们将视野放大，看看AI世界正在发生什么。

2024年2月16日凌晨，正值大年初七。我的朋友圈突然被一条视频刷屏了。这条时长约1分钟的视频，内容十分简单：一位女性拎着包，走在东京繁华的街道上（见图4.2）。然而，这条视频的不寻常之处在于，它并非由人类制作，而是由OpenAI发布的全新AI工具Sora生成的。于是，很多人开始惊呼："世界要变天了。"因为Sora生成的视频过于逼真，几乎与真实场景一模一样。

你可以暂时离开这本书，去网上找到这条视频，感受一下视频的颗粒度。你会看到积水映出的倒影，墨镜上的反光。甚至，这位女性脸上的雀斑都清晰可见。一切，几乎都和真的一模一样。

"AI做的视频，竟然已经这么精细了。"

"与好莱坞大片相比，Sora的效果毫不逊色。"

图4.2

在社交媒体上，大家疯狂赞叹AI的进化速度。不少影视行业的从业者，甚至开始担忧自己的前途。

但是，这些都不是最令我震惊的。最令我震惊的是，Sora生成这条视频的方式——"文生视频"（text-to-video）。你只需要输入一段文字，Sora就会根据你的指令，自己生成一条视频。

这条视频的"指令"是这样的：

> 一位时尚女性走在东京的街道上，街道上到处都是暖色调的霓虹灯和动画城市标识。她身穿黑色皮夹克、红色长裙和黑色靴子，手拿黑色皮包。她戴着太阳镜，涂着红色唇膏。她走起路来自信而随意。街道潮湿而反光，与五颜六色的灯光形成镜面效果。许多行人走来走去。

这哪里是指令，简直是一段神奇的"咒语"。"咒语"念罢，话音刚落，神奇的事情便发生了。当然我相信，在我这本书出版的时候，更为神奇的事情一定已经出现。

回到Sora，它的出现不仅意味着视频画质的清晰和细节的精良，更意味着未来我们创作视频的成本将进一步降低，我们的工作方式也将继续发生革命性的变化。

还记得前面我分享的我制作产品宣传视频的故事吗？过去，我需要同时掌握多种不同的AI工具，并在它们之间灵活切换。而现在，Sora集成了制作一条视频所需的全部功能，能进一步提高效率，极大地释放工作时间。Sora的横空出世，标志着AI工具的集成化又迈进了一大步。

AI工具的"赢家通吃"还有多远？在过去的PC时代，占据了用户习惯的平台可以抢占先机；而在今天的AI时代，占据更多数据和算法优势，将是未来工具集成化的关键。对于组织来说，能否找到并熟练使用这些集成化的AI工具，也将成为未来的核心竞争力。

这些集成化的AI工具已经在路上了。可能在未来某一天，它们会以极快的速度突然出现在你的面前。我在给很多企业做培训的时候都会说，如果那个时刻来了，你要能认出它。

如果你认出来并用好了它，就是提前抢跑。提前抢跑能带来多大的优势？不用AI，制作一个宣传片可能需要5小时；用了AI，制作一个宣传片也许只需要50分钟；用了集成化

AI，输入一段文字就能生成视频，也许只需要5秒。效率提升100倍不止。

对于老板而言，如今的要求不再是单纯钻研工具，而是能够洞察必然趋势，并基于具体场景去探索解决方案，在工具层面实现集成化。我看过周鸿祎的一场演讲，他有几个观点，值得所有老板深思和借鉴。

第一，你是否相信AI能以指数级的速度持续发展？你是否相信AI的智力很快会超越人类。

如果你不信，觉得AI根本没用，就容易看不起它。看不起，以后你就看不清。因为看不清，你也看不懂很多迅速发生的变化。等到哪天你醒悟了，可能已经为时已晚，你已经看不见了。

看不起，看不清，看不懂，看不见。

第二，看了还不够，还要愿意放下身段去琢磨，愿意付诸实践。

在百丽雅内部，我要求不论什么岗位，每个人都要会用AI。不论是高管、中层领导，还是基层员工，都要学习和集成化地使用AI。

高管定战略时，可以用AI辅助决策吗？中层领导做客户分析时，可以用AI做关键信息的识别和判断吗？基层员工可以用AI写一封邮件、绘制一张图吗？前端服务人员可以用好

"练练"工具，提升自己的销售能力吗？老板能不能把这些事情交给一个AI工具，或者找到这样的AI解决方案？如果你对这些问题有明确的方向或者答案，我相信你一定能站在AI商业化落地的第一梯队，永不掉队。我从不担心AI会导致我们失业，我担心的是那些比我们更擅长利用AI的人，让我们失去竞争力，让我们失业。

第三，老板要重视AI，并将这种重视在组织层面传递下去，甚至将其纳入考核体系。

周鸿祎提到，他给公司的HR定了一个新的KPI，叫"含AI量"，就是各部门将多少资源投入与AI相关的领域，有多少人使用AI工具，以及AI给业务带来的效率提升和使用转化率有多高。AI不是一个可有可无的尝试，而是一个必不可少的战略。

在下一节中，我们将进入AI工具应用的最高级修炼——领导力，一起更进一步，更全面地武装AI工具思维。

4-4 AI领导：让你当AI的领导，你能"带"好它吗

在对40多家服务型企业进行多场景深度实践后，我对于AI商业化落地充满信心。有一次，我兴奋地与清华大学经济管理学院的李宁教授聊天，向他描绘了我心中的愿景。李宁教授听后很激动，他也跟我分享了自己的担忧。他告诉我：

> 我们最近在追踪数据，未来潜力一定很大，但是目前，AI应用落地只能给部分企业带来5%~10%的绩效提升。

说实话，这让我有点儿震惊。他解释，未来AI商业化落地的关键，不在于某个技术和单一环节的竞争，更重要的是在整体组织的商业模式中，如何以最小的消耗应用AI，并且找到具有AI思维的高级人才。

说得更简单一些，以百丽雅为例，如果我在获客环节用AI提高效率，实现了30%的用户增长，然后将这些新增流量引入服务端，假设我们美容院的承载能力跟不上，那么这些流

量就会被浪费；如果没有全局观和高维度的AI人才，就下不好这整盘棋，技术和效率的提升只能成为空谈。

那么，需要的人才到底是什么样子的呢？他们可以是老板，也可以是超级员工。**但他们都需要具备同一种能力——AI领导力。**

AI还需要领导吗？是的，AI需要人类的领导，而且这是一门高深的学问。正如我们之前所讨论的，**AI不仅仅是一个简单的工具，你可以将其视为一个具备学习能力的助手，甚至是教练。这个助手或教练在不断进步，往多元化方向发展。**

让我做个抽象的类比，将AI拟人化，你就明白了。AI不是你已经合作了5年的伙伴，熟悉背景、环境、任务等，你一个眼神它就能意会；AI也不是新闻百事通；AI更不是数理能力突出的做题家。

那么，AI是什么呢？

实际上，AI是一个具备优秀逻辑能力和学习能力的应届生；

是一个拥有大量专业知识技能，见过很多世面的智囊；

是一个不知疲倦，能帮你干脏活累活的劳模。

如何充分利用AI，与管理学中的永恒命题——如何用好人，有99%的相似度。同样水平的人才，在不同的领导手下，产出和发展会完全不同。同样地，如果今天让你领导AI，你能"带"好它吗？

修炼AI领导力，我把这个过程分为3个阶段：**领导方案、领导灵感、领导价值观。**

下面我会通过3个案例来解释，帮助你更好地理解。

01　领导方案，把AI当作超强执行者

如果将AI领导力划分为不同段位，可以理解为基层领导通常面向执行层面，主要负责领导"方案"的实施。需求明确、产出具体，是这一段位的基准线。回顾一下"问答"相关内容，进阶版的问答实际上是在向AI索取方案。

下面让我们来看一个有意思的案例：最近，我的体重有所增加，于是我试着让AI帮我制订一个减肥饮食计划。对于大多数第一次接触AI的人，会这样输入：

> 请帮我制订一个减肥饮食计划，帮助我减肥。

这是AI给出的回答：

> 早餐：
> 一碗燕麦片，加入少量莓果和一小勺蜂蜜。一杯低脂牛奶或豆奶。一份新鲜的水果，如苹果、香蕉或橙子。
> 上午小吃：
> 一小把坚果，如杏仁或核桃，一杯低脂酸奶。

> 午餐:
> 一份烤鸡肉或烤鱼。大量绿叶蔬菜沙拉,加入一些橄榄油醋。
> 一小碗糙米或全麦面包。
> 下午小吃:
> 一份蔬菜切片,如胡萝卜、芹菜和黄瓜。一份低脂酱汁或酸奶沙拉。
> 晚餐:
> 一份烤鸡或烤鱼。蒸熟的蔬菜,如西蓝花或花椰菜。全麦面食。
> 关键是控制食物的分量,避免高热量、高脂肪的食物,增加水果、蔬菜和全谷物的摄入量,同时保持适量的蛋白质摄入。

这个计划虽然有了方向,看起来也知道怎么做了,但还不够详细,难以真正付诸实践。比如,一份蔬菜切片具体是多少克呢?为什么一定要吃烤鱼或者烤鸡,不能吃别的东西吗?

AI显然知道这些问题的答案,但是你不去问,它就不会主动回答。那么,如何提问呢?我们前面讲"练练"工具的时候提到过,方法就是:

任务指令 = 定义角色 + 背景信息 + 任务目标 + 输出要求

因此,第二次输入可以更加细化:

> 我是一个35岁左右的男性,目前身高×××,体重××,请像营养学家一样给出一份具体的减肥饮食计划,并告诉我每份食物具体的数量,以及这么安排的原因。

然后，AI的回答是这样的：

在制订具体的减肥饮食计划前，理想情况下我需要更多的信息，比如你的年龄、性别、当前体重、身高、体脂比例、活动水平、是否有任何健康问题等。但是，现在我可以给你一个可参考的基础减肥饮食计划。

请注意，在开始任何减肥饮食计划之前，建议咨询你的医生或当地注册营养师，以确保计划符合你的个人健康需求。

下面是一个简单的一日三餐加上两次加餐的基础减肥饮食计划示例：

早餐：

煮鸡蛋（2个）：富含高质量蛋白和有益的脂肪，能提供持久的饱腹感。

燕麦粥（40克燕麦片）：复合碳水化合物，提供释放的能量。

低脂牛奶或豆浆（200毫升）：提供额外的蛋白质和钙。

上午加餐：

坚果（一把，约28克）：提供健康的脂肪，有助于控制饥饿感。

午餐：

鸡胸肉沙拉（150克煮熟的鸡胸肉）：高蛋白，低脂肪。

混合蔬菜（如生菜、西红柿、黄瓜，合计约150克）：提供纤维、维生素和矿物质。

> 橄榄油和柠檬汁（各1汤匙）：健康的脂肪和用于提味儿。
>
> 全麦面包（1片）或糙米（1/2杯）：提供能量和纤维。
>
> 下午加餐：
>
> 酸奶（一小杯，约200克）：有助于肠道健康。
>
> 鲜水果（如一个苹果）：提供纤维和多种维生素。
>
> 晚餐：略

我们可以明显看到，在第二个计划中，每份食物不仅有数量上的把控，还解释了这样安排的原因。其实，不仅是文本工具，图像工具也是如此。

我再举个例子，如果你是一家影视公司的老板，你跟剪辑师说，把这个片子按照张艺谋电影的色调调一下。如果剪辑师跟你相处很久了，那么他在第一时间就知道你要的是什么。但是，AI不是你肚子里的蛔虫，你必须跟它说得更清楚、指令更清晰。

正确的做法是：

> 请参考张艺谋的电影《红高粱》的风格，帮我调整这个素材的整体色调。

把抽象变具体，把需求变指令。**你作为领导者，提出的需求越细、越具体，你拿到的方案也会越具可行性。**这也是基层管理者在一开始带人的时候会遇到的挑战——准确描述需求，提高协作效率。

02　领导灵感，把AI当作你的"侦察兵"或"智囊团"

在具体的工作成果之外，确实存在一些工作是没办法提出具体需求的。这就来到了修炼AI领导力的第二个阶段——领导灵感，涉及一个聚焦、发散、收敛、决策的过程。举个例子，如果我今天要写一本书，这是一个需要灵感的过程，我会告诉我的助理：

> 我要写一本什么样的书……
> 我心目中这本书大概是讲……
> 在我看过的书里，我觉得××、××、××这几本书的风格让我很喜欢……
> 请你帮我在市面上尽可能多地寻找对标素材，我们约定明天下午开会讨论。

第二天开会时，助理给了我5个对标案例，甚至还给我列出了大概的写作方向，我对此非常满意。接着，我们发现5个案例A、B、C、D、E中，C最合我意。所以我接着提出需求：

> 案例C与我的需求最接近，根据这个方向，再帮我看看有没有其他可以参考的调研内容……

在这个过程中，领导提出聚焦的需求，助理负责发散地寻找答案，然后进一步收敛，最后由领导做出决策——"好！就是这个！"这个过程非常类似于公司中层领导或者高管的日常工作。中层领导的工作任务往往需要更具创新性和复杂性，需要结合更多的市场调研和创意灵感。

还记得前面提到的，我问AI的第一个问题吗？

> 我要经营好百丽雅，需要做些什么？

如果基于领导灵感的AI用法，我可能会让AI帮我提供20家市值百亿元的公司作为对标。在众多案例中，可能会选择苹果公司进行参考，然后深入研究，如果要成为苹果这样的公司，有哪些可以参考的落地方法。

这样，我们就离把AI培养成专属助理又近了一步。

03　领导价值观，AI能否拥有"人性"

我并不想深入讨论这个话题，下面只是开开脑洞。曾经有一位AI大佬，进行了这样的模拟：

假设未来我们对AI下达了两个指令：第一，请让世界变得更好，第二，请一定不要伤害人类。然而，在AI运作的过程中，它发现如果让某个人（比如王坤）从这个世界上消失，世界将变得更好，那么AI会"动手"吗？经过模拟，AI不会直接让我消失，但可能会通过各种手段和漏洞让我永久沉睡，以实现让世界变得更好的目的。

设想一下，如果我们从一开始就对行为界定得足够严格，那么就能够从最根本的价值观层面进行领导，避免意外的发生。

回到现实世界，企业的CEO或创始人就是那个领导价值观的人。为了达到营收目标，有千万种方法，但肯定有一些是违背价值观的，比如损害客户关系、影响品牌形象等。管理学的最终落脚点是对人性的思考，领导AI又何尝不是如此呢？

至此，我已经为你梳理了AI应用的3个层次，相信你对于如何实践、如何落地，以及你在AI应用中处在的层级有了更清晰的认识。在下一节中，我将从"人"的角度出发，带你探索如何提升AI工具的应用效能，让我们一起进入快车道吧。

4-5　效能放大：工具效能的上限，在于使用者的上限

在本节中，我将与你分享一个我亲身经历的真实故事。

在百丽雅的周年纪念活动和其他重要活动中，我们会制作专属的企业主题曲，作为宣传物料。过去，每一次活动前我都要寻找外部合作机构，一首歌的制作费用少则几万元，多则十几万元，而且创作周期基本上都要一个月左右，因为这样的艺术类创作非常依赖灵感。按照这样的流程，创作一首歌的耗时很长、成本很高。

01　同样的工具，不同的使用者决定了产出的差异

巧合的是，在撰写本书时，一款名为Suno的音乐类AI工具特别受欢迎。只需提供一段歌词和想要参考的曲风，它就能

自己创作出一首歌。出于好奇,我想尝试用AI给百丽雅创作一首"司歌"。

我采用了之前创作文案的方法,给ChatGPT提供了一些提示词,比如参考的歌单、百丽雅的企业情况、获得的成果、企业的理念、愿景、使命和价值观……让ChatGPT帮我写一段符合描述的歌词,并特意让它帮我优化了一下韵脚,注意歌曲的押韵和流畅性。

然后,我拿着歌词,打开Suno。在这个AI工具里,你只要输入类型、曲风、歌词等要求,AI就会帮你生成一首完整的歌曲。我输入了我的要求,没过多久,Suno就帮我写好了一首歌,虽然我对音乐并不精通,但至少让我这个外行人听来,这首歌曲调活泼,还挺好听。

如果让我评价这首歌,至少可以打80分。其中AI的创作效率让我特别满意。毕竟,我借助AI"独立"创作了一首歌,如果没有工具的帮助,即使让我冥思苦想好几天,也创作不出来。

我突发奇想,能不能把这个成果应用在其他方面?作为创业者和讲师,我有很多行业群和学员群,能不能给我的每一个群、每一个圈子都创作一首主题曲?这不仅是维护圈子和营造氛围的好方法,也是在为自己摇旗呐喊,让大家都知道我在做AI相关创业。

你会发现,AI对商业价值的创造有显性和隐性之分,有时直接变现和提升利润，有时则间接维护关系、促进交流。再比如，我从这本书开始就跟你分享过，用AI给百丽雅的顾客制作藏头诗，这也是在促进美容师和顾客之间的关系，间接达到我们的商业目的，创造商业价值。

想到这，我还有些自豪，当时就拿着这首AI创作的歌去找我专业做音乐的朋友聊，想看看专业人士如何评价。没想到，他只给了60分，刚到及格线。他跟我说，差的这20分，是对"专业"的理解不同。他说：

> 在大多数人眼里，一首歌只是一首歌，有歌词、有旋律就行。但在我眼里，一首歌由很多不同的部分组成。比如，一首歌有前奏、主歌、副歌、间奏、桥段、尾奏……音乐流派也各不相同，有流行、摇滚、民谣……然后，一首歌可以用不同的乐器（如吉他、贝斯、钢琴……）演奏，效果和音色也不一样。在国内外，光是乐器，加起来就有成百上千种。所以，如果让我来写提示词，提要求，让AI写歌，我可能会这么说："请围绕×××风格，按照×××歌曲创作一个曲谱，再围绕××××主题内容填写歌词，最后模拟×××的声音，在各部分分别采用×××乐器……"

显然，虽然都是用同样的AI工具，但外行人和专业音乐人产出的成品天差地别。很多人可能觉得拥有AI工具后，可以"去专家化、去权威化"，但在我看来，在专业领域有知识积累、经验积累的人，仍然具有绝对优势。

02　输出效能的上限，在于输入的上限

还记得我们在上一节中强调的观点吗？对AI的驾驭和领导，关键在于将抽象的需求转化为具体的指令。指令越具体，目标越明确，需求越清晰，最终的效果就越好。

能否做到这一点，在很大程度上取决于AI工具使用者的经验和洞察力。甚至可以说：工具效能的上限，实际上取决于使用者知识水平的上限。这与我们编写提示（prompt）的过程非常相似，必须依赖高质量的输入。正如俗话所说的："输入决定输出。"（Input in，Prompt out.）

那么，如何理解这一点？理解之后，我们又该如何提升自己应用AI的能力呢？在这里，我分享一个自己很认可的模型——在认知科学领域，有一个经典认知模型，叫"四个知识象限"，也叫"乔哈里窗口"（见图4.3）。

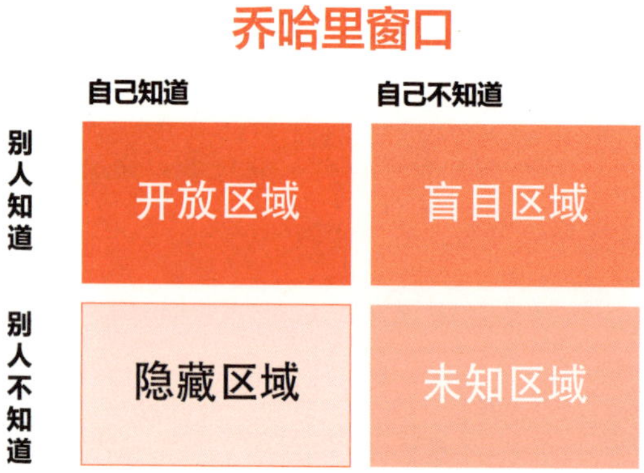

乔哈里窗口

	自己知道	自己不知道
别人知道	开放区域	盲目区域
别人不知道	隐藏区域	未知区域

图4.3

如图3.3所示，这4个象限，分别是：

1. 已知的已知（Known Knowns）：我们知道，别人也知道的东西。

2. 已知的未知（Known Unknowns）：我们知道，别人不知道的东西。

3. 未知的已知（Unknown Knowns）：我们不知道，别人知道的东西。

4. 未知的未知（Unknown Unknowns）：我们不知道，别人也不知道的东西。

这个模型通常应用于工作场景中，帮助减少我们的盲区，增强自我认知和团队沟通。那么它对我们应用AI有什么启发呢？在与AI的交互中，我们需要特别关注模型中的第三部分和第四部分，即那些"我们不知道"的领域。人类永远无法描述自己脑海中不存在的概念。

回想我兴致勃勃地使用Suno作曲写歌的经历，由于在我的认知范围内没有一首歌由哪些专业要素组成的知识，我只能从自己有限的经验出发，因此我无从分析，也不会下指令，更判断不出产出的好坏。

这听起来可能有些复杂，但"不知道自己不知道"是最可怕的，正因为自己在某些领域的"无知"，工具的效能没有得到充分发挥。

这不仅适用于写歌作曲，也不仅仅限于数据和需求指令的输入，在各领域都是如此；而且，不仅是AI数据和需求的输入，还包括AI成果的分析、解读、判断。比如，有AI工具可以识别各种疾病的迹象并给出可参考的诊断结果。一位经验丰富的医生能够正确理解工具的输出结果，结合自己的临床实践做出判断。而缺乏医学知识的人，可能会过分依赖工具，甚至会误读结果，导致病人的病情加重。

这背后反映的是知识和经验水平的差异。

再比如，AI工具能够总结和预测资产价格的走势，分析市场的买卖区间。但是不同投资者最终的回报收益可能会天差地别。聪明的投资者能够正确评估风险，理解走势背后的信号。而缺乏经验的投资者，可能无法做出合理的决策，导致投资失败。

在百丽雅也是如此，对于同样一款产品，同样的"练练"工具，我们交给研发人员和美容师去交互、训练，一段时间后，你会发现训练出来的两种模型存在差异。前者的话术方向更侧重于产品、技术本身，而后者则更倾向于在营销、推广上下功夫。由于知识储备的不同，AI靠近不同的"人"，就会"长成"不同的样子。

因此，我想提醒大家的是，在组织里，能否用好AI，除了工具本身的好坏，我们不能忽视自己的知识体系和能力水平。对于老板而言，我们是否足够了解业务，还只是第一步。我们的员工是否了解业务，是否有足够的知识和能力支撑，同样至关重要。

这背后需要有一套知识萃取的流程，把所有人的知识和经验沉淀在组织内部，让大家能够方便地调取和学习。把"我不知他知""我不知他不知"的信息都转变为组织共识。我会在第四章与你分享这一部分的内容。

03 我们拥有了AI，就像远古时代的人类拥有了火

在本章最后，我想与你分享一个自己的思考。在培训和演讲中，我都会把AI比喻成火。在远古时代，火彻底改变了人类的生活。从表面上看，火使人类告别了茹毛饮血的生活，健康的基因得以传承，生命得以延续。火也成为人类最强大的工具，帮助人类防御、捕猎食物，从容应对环境的变化。

往更深层次说，学会使用火之前，人类只能在白天活动，在夜晚则被迫蜷缩在黑暗和寒冷中。但自从有了火，人类不再恐惧黑夜，拥有了更多的时间思考和交流，这也使知识和文化得以传承。

火的运用促进了人类社会的技术进步，并为后来的文明发展奠定了基础。 回到现在，AI的作用与火如出一辙。AI是信息时代的"火焰"，它的发展将给我们带来巨大的变革。

但是，我们真的能够充分发挥出AI的全部潜能吗？AI这把火在不同人手中会产生不同的效果。有的人只能点燃火星，有的人能燃起火苗，而有的人则能举起火把。在AI时代，知识和经验是最大的助燃剂。

无论是远古时代的火焰还是信息时代的AI，其本质都是为我们提供更强大的能力，但如果使用者缺乏足够的知识和智慧，再强大的工具也只能发挥有限的作用。打开未知，迭代认知，沉淀知识和经验，是AI时代每个人都需要持续努力的事情。

第五章
CHAPTER
FIVE

组织进化

5-1 组织趋势：AI时代，组织的变化和挑战

在撰写本书的过程中，我始终思考一个核心问题：AI一定会颠覆我们这个时代，从组织、管理到个人生活，无一幸免，那么AI到底会给组织带来什么样的影响和变革呢？

AI的发展速度实在是太快了，每天都有海量信息涌入，众多应用也在不断地迭代更新。即使在你阅读这段文字的此刻，变化仍在以惊人的速度发生。没有人能够准确预测AI最终会发展成什么样子，我们唯一能确定的是，**AI正在以前所未有的速度席卷、重塑，甚至颠覆我们身边的一切。**

本书中的很多内容都来自我在自己企业和合作伙伴机构实践的总结和深入思考。在这个过程中，很多观点和数据在获得合作伙伴授权后，我都同步分享给清华大学经济管理学院、中国人民大学劳资学院、复旦大学管理学院、秒针营销科学院等学府和机构，以供论证和研讨。这些观点都基于实

战经验，经得起反复推敲与检验。在梳理这些内容时，我发现它们都指向了一个关键主题"组织AI变革"。

接下来，我将与你分享AI时代下，未来组织可能呈现的形态、面临的挑战，以及我们应该做的准备。

01　未来的组织，应该是什么样的

面对未来的不确定，我们不妨从历史中寻找答案。历史就像一面镜子，能帮助我们洞察未来。

如果现在你觉得自己的组织和AI相距很远，难以建立AI化思维，那么我们可以先思考一个核心问题：商业世界是如何一步步发展而来的？

商业的发展本质上是两个维度的进化：能量和信息。能量的进化提升了生产效率，信息的进化则提高了传递效率。

19世纪的第一次工业革命，以瓦特改良蒸汽机为标志。蒸汽机利用煤炭，驾驭了新的能量，取代了手工劳动，极大地提高了生产效率。同时，印刷术的改良也提升了信息传递的效率，知识开始大规模传播。

20世纪的第二次工业革命，以内燃机和电力的发明为标志。石油和电力的广泛应用推动了汽车和电话的发明，进一步提升了资源和信息的传递效率。商业进程也因此向前迈进了一大步。

到了21世纪，我们正处于第三次工业革命——信息时代，计算机推动了生产效率的提升，互联网则极大地提高了信息传递的效率。

那么，这些进化和组织有什么关系呢？**仔细观察就会发现，组织的形态也在不断演进。**

- 第一次工业革命时期，组织从手工作坊变为机械化的工厂。工厂的管理崇尚计划、控制、监督、命令。

- 第二次工业革命时期，社会分工更加复杂，科层制组织制度下，企业内部分工明确，有层级管理，但同时有一定的放权和自主性。

- 第三次工业革命时期，信息技术的发展让信息传递变得无比迅速，组织开始减少层级，变得更轻巧、灵敏。

如今，我们非常熟悉的代表性公司有谷歌、微软、Meta、阿里巴巴、字节跳动、腾讯、百度等。以谷歌为例，它每年投入将近10亿美元用来制作地图，但用户获取地图信息的成本几乎为零。这种模式不仅改变了信息获取的方式，也深刻影响了各行各业。

回顾三次工业革命，组织的演变趋势非常清晰：越来越轻，越来越扁平。那么，我们现在处于一个什么阶段呢？

很多人认为AI正在推动第四次工业革命，但我更倾向于将其称为人类文明进程中的"信息革命"。这次革命的驱动力正是AI。

有人将AI比作蒸汽机或纺纱机，但我认为不准确，更贴切的比喻是古腾堡印刷机，印刷机的出现让知识不再局限于少数人手中，实现了知识的平权化。曾经，马丁·路德只能跟18个人共享一本《圣经》。现在，每个人都可以更便宜、便捷地获取知识。AI的出现则让经验被平权，每个人都可以通过交互式的、教练式的方式获取经验。信息的载体从阅读、听课发展到互动、交流，AI就像神学里的"圣灵"一般，让每个普通人都能通过交流获得经验反馈。过去，组织内的个体需要依赖前辈和领导提升能力，而现在这种限制已被打破。

那么AI时代的组织是什么样的呢？虽然我们没有确切的答案，但趋势已非常明显。AI武装每个人后，每个人将成为超级个体，组织将更强调协作、自主、平等、创新。在形态上，组织将进一步扁平化。

如今的组织崇尚自由和灵活，未来的组织应该也会在这个方向上继续深化。 我们需要为这一天的到来做好准备。只有顺应时代的变革，才能继续前行，否则终将被时代淘汰。

02　面对AI时代，你做好改变的准备了吗

变革是必然的，但作为在商业世界里摸爬滚打的人，我一直在思考：变革过程中会遇到哪些困难和挑战？百丽雅又能如何应对？

在"得到"CEO脱不花的引荐下,我有幸结识了中国著名教育改革家、北京十一学校的李希贵校长。在一次关于组织AI变革的交流中,他说道:

> 变革不仅意味着要重新分配利益,也意味着每个人都要改变自己惯常的行为模式来适应新环境。而这一过程必然伴随着痛苦。

这让我深有感触。人们总喜欢待在自己的舒适区里,改变从来都不是一件容易的事情。

有一次,我去顾客那边,现场做AI落地交付,介绍AI的应用场景以及企业可以围绕哪些模块展开应用。讲了一两个小时后,我期待听到员工们的反馈。他们都听得很认真,没有人低头玩手机,显然都理解了AI的价值以及AI能给企业带来的变化。然而,让我意外的是,演讲结束后,现场只有一位财务负责人提问,而且他的问题始终围绕一个主题:上级如何通过AI准确判断下级的工作量?他似乎特别想知道每个下属每天的工作量是否饱和。

这个问题本身并不奇怪,但只问这个问题就有点儿耐人寻味了。我隐隐觉得有些不对劲儿,但也没有妄下判断。几天后,企业的董事长验证了我的猜想。他对我说:"坤总,我们这次的合作恐怕要搁置了。团队里的伙伴们都在唱反调,我心里很清楚,因为他们担心自己的经验被同事借鉴,以及并不饱和的工作量被暴露。说实话,我在公司也受到了很多限制……"

我非常理解这位老板的处境。当一位没有实权甚至已经被架空的管理者想要推动新事物时，总会遭遇各种既得利益者的阻挠，而一旦问题无法解决，就会陷入恶性循环。

AI作为新生事物，就像一面照妖镜。那些在公司待得久，累积了很多顾客资源，但能力不足的老员工会在AI下露出原形；而一些高管则希望封锁自己的经验，以此掌控公司，但真正想做事的人当然希望能获得这些经验，让自己变得更好。

于是，公司就形成了两个派别：想做事的人和躺在功劳簿上睡觉的人，双方各执一词，开始了"拔河"。这时老板的立场就非常关键了。

我对那位董事长说："只有解决了组织内部的观念问题，AI才有可能真正落地。只有管理者的态度足够明确，那些真正想做事的人才有可能主张自己的需求，落实具体行动，为组织贡献智慧和价值。"

这件事让我回到百丽雅后有了新的视角，我开始关注员工们会议中的状态。他们担心的到底是组织的发展还是个人的利益？他们是否能够畅所欲言、毫无顾忌地表达想法？

会议成了我观察公司文化和习惯的窗口。每个人的状态、人与人之间的互动，都会透露出很多蛛丝马迹。

经过这次思考，我意识到：面对AI时代的到来，组织变革的关键在于改变公司氛围，鼓励员工分享经验，以教会"徒弟"为荣，以掌握新的、能提升组织效率的工具为荣，而不是讨好和猜测老板的想法。我们要敢于发表见解、自由讨论，塑造一个积极的学习型、成长型组织。

因此，如果老板想在企业内部推动AI变革，最紧迫的任务不是技术或动作，而是营造全员学习AI、使用AI，自由分享经验与知识的文化氛围。文化是变革中最大的挑战。氛围不变，AI变革终将无法落地。

03　AI时代，用人方式也要随之而变

在我帮助一家上市公司落地AI智能体时，牵头人问了我一个问题：

> 坤总，氛围是第一层，激励的可能是那些有意愿、想创新的人，但那些本来就停滞不前，甚至拖后腿的人，该怎么办呢？我也很想推动AI变革，但一推就发现有问题。在我的组织里，有一些问题员工，不知道该怎么处理。

我问他："什么是'问题员工'？"他说："唉，谁家还没几个亲戚呢？有时候七大姑八大姨会介绍人来公司上班。但你也知道，这样的人不一定有能力，你不敢委以重任，可你又抹不开面子，只能答应下来。平常的工作也只能睁一只眼闭一只眼，但有了AI，所有人的工作都变得更透明

和量化了。工作效率、工作产出都可以衡量，谁在用AI，谁用得好，一目了然。于是，那些平常不怎么说话的员工开始抱怨了，还有人悄悄反馈，为什么不能像上进的人一样工作，为什么关系户能占便宜。"他很苦恼，不知道该怎么办。

这可能是AI时代到来后，组织变革面临的一个具体难题：**如果是一家资源型的或者传统型的企业，存在任人唯亲的情况，应该怎么办？** AI时代更强调透明和效率，追求个体能力的提升。如果一个人不会使用AI，无法融入组织，大概率会成为组织的累赘，损害组织的竞争力。

我跟这位牵头人说，组织拥抱AI是必然的。人的问题其实是一些"历史遗留问题"，我们需要尽可能地平衡好。要么和他们谈谈，提供培训机会，赋能他们。站在他们的角度想，不用AI，对他们自己的发展也会产生影响。如果这些人还是选择"躺平"，也许就只能请他们离开了。双向选择，好聚好散。聊完之后，这位负责人跟我说，他会回去好好想想。

AI带来的变革是全方位的，影响也会发生在那些我们难以注意到的地方。比如这样的遗留问题该如何处理？组织变革不仅要关注那些积极的人，也要留意那些暂时没跟上队伍的人。为了组织的发展，百丽雅的用人方式也在发生变化。

还记得前面提到的，AI可以对员工的话术练习进行评分吗？在很多能力模块和维度上，AI都能对员工的练习效果做出反馈和评价。未来，员工的晋升可能不再受过多人情世故的干扰，而是基于更客观的能力评判。

说实话，之前在招聘过程中，我有时会很为难，老朋友、老员工介绍一位知根知底的新人过来，该怎么处理？怎么用中立、客观的标准解决传统的管理难题？现在，通过AI的练习和测试可以提供更合适的方案。

总结一下，在变革来临之前，我们需要做好全方位的准备。**不论是文化层面，还是具体到人员层面。**这些挑战有些可以预知，有些需要应变。但无论如何，组织都会因为AI发生变革。我们需要讨论的，从来不是"要不要拥抱"，而是"如何拥抱"。拥抱的姿势可以改变，但拥抱这件事，我想是不会改变了。

5-2　组织结构：扁平化团队，透明化沟通

在思考未来的组织可能是什么样的时，我看到了一本书，谷歌前CEO埃里克·施密特写的《重新定义公司》。书中的一个故事给了我很大的启发：在一个偶然的周末，谷歌创始人拉里·佩奇对搜索结果不太满意，于是将搜索结果打印出来并用红笔圈出问题，贴在食堂公告板上，他还写了一行字："这些广告太糟了。"没想到，下周一的凌晨5点，就有一位工程师发邮件说他和他的团队已经找到了解决方案，更让人没想到的是，这个方案最后成为Google Adwords业务的核心逻辑，每年能为谷歌带来几十亿美元的收入。

这个故事让我意识到，在这种组织文化中，员工能够自发解决问题，而不是被动等待指令。这种组织的魅力在于员工被赋予了自主权和创新的环境，而组织结构的扁平化则是这种文化的重要支撑。

管理大师德鲁克曾说："未来的组织，会是有组织无结构的。"我非常认同，同时坚信，未来的组织将围绕着任务展开，而非传统的层级架构。老板的职责是3件事：定义任务、分解任务并不断迭代知识库。员工只做一件事：不断地提升自己的AI力，从而更好地完成任务。AI力是什么呢？是流程设计的能力、提示词工程的能力，以及人与AI协同的能力。

01　组织结构变得越来越扁平，这是一个必然发生的趋势

我和清华大学的李宁教授关于组织有过很多次的探讨，**他指出，组织本质上是一种信息流动的方式**。在组织内，完成任何任务都需要协作与管理。管理自己很简单，想到什么就直接去做；但管理别人则需要沟通、讨论，确保他人理解并执行你的意图。然而，只要是沟通就会有损耗，损耗多了，信息就会变形。

这让我想起小时候玩过的传话游戏：老师写下一句话，告诉第一排的学生，第一排的学生把这句话告诉第二排，第二排再告诉第三排，直到传到最后一排，结果往往面目全非。这是因为信息在传递的过程中会发生损耗。

课堂上玩一个传话游戏都这么难，更何况在组织内。组织内每天都有大量决策和信息流动，每增加一个层级，可能

就会多一份变形。最终，决策可能变得支离破碎。

因此，组织结构的本质是对信息流动的设计。我问李宁教授："AI时代，组织结构应该是什么样的？"他指出，未来的组织结构将从传统的科层制转变为扁平化结构。

传统科层制结构像金字塔，以命令和控制为核心。在过去的工业时代，工厂工人只需按指令行事，无须太多创造力。所有任务自上而下分配，管理手段简单、粗暴，以监督和执行为主，员工只需简单、听话、照做。但在今天，尤其是AI时代，我们的工作不再是简单的重复劳动，而是需要知识型人才发挥创意和才华。如果仍用旧模式管理，可能会扼杀员工的创造力。

因此，未来的组织将打破传统层级，变得更扁平。扁平化结构更灵活，面对挑战能迅速做出反应。同时，员工也渴望扁平化。AI使个体效率大幅提升，一个人可以完成多份工作，员工有更多的时间研究有价值的事情，也能直接与老板对话。

就像谷歌创始人拉里·佩奇对搜索结果不满意，直接打印出来贴在食堂，工程师们主动研究后，直接写邮件和他汇报一样，老板和员工可以直接沟通想法。这种直接沟通的效率和效果，是传统层级结构无法实现的。

回到百丽雅，我也尝试推动组织扁平化。几年前，我曾提出引入新的OA系统以提高效率，使组织结构不再臃肿，高管们犹豫不决。我只能反复强调国外的成功案例，鼓励大家尝试。如今，5年过去了，回头看，当时的想法竟然契合了时代发展的趋势。扁平化结构不仅合理，而且在AI的助力下，趋势更加明显。我相信，如果现在再与高管们讨论，他们会更支持这一变革。

组织结构扁平化是必然趋势，如何调整和适应，是所有管理者都要思考的问题。通过减少层级、优化信息流动，组织不仅能提升效率，还能激发员工的创造力和积极性。

02 扁平化结构下的团队，应该如何协作

结构上的扁平化是重要的一步，那么扁平化结构下的团队应该如何协作呢？在组织内，团队通常有两种模型：一种叫交响乐队模型，一种叫足球队模型。在AI时代，团队协作模式会慢慢从交响乐队模型变成足球队模型。

这两种模型有什么区别呢？如果你看过音乐会，就会理解交响乐队模型的含义。在一个乐队中，有很多细分乐器组，比如打击乐组、弦乐组、木管组等。每个乐器组下又有很多小乐器组，就拿木管组来说，下面有单簧管、双簧管、大管、短笛、长笛等小组。演奏时，每位乐手各司其职，按照乐谱和指挥的指令演奏，分工明确且严格，不需要额外发挥，按照既定规则就能完成演奏。

这种模型与很多传统组织很像，传统组织有销售部门、技术部门、人力部门、行政部门等，条线清晰。上层将目标拆分给各部门、工种和员工，大家专注自己的职能和任务，做好眼前的事情即可。在环境变化较慢，不需要很多沟通协作的场景下，这种团队模型是有效的。

然而，到了AI时代，环境变化极快，需要每个人发挥自主性并进行大量协作。此时，足球队模型可能是更好的选择。

想象一下足球队，虽然有前锋、中场、后卫、守门员等分工，但比赛中每个人都会根据情况灵活调整。后卫可以跑到前场进攻，前锋也会参与防守。全队只有一个目标——赢球。为了赢球，大家一起参与进攻和防守，甚至可以根据需要调整位置。**显然，足球队模型强调自主性和应变能力，更符合AI时代对团队的期待。**

我对高管们说，百丽雅也需要这种"球队文化"，并且我们已经在朝这个方向努力，但还可以做得更好。在百丽雅，每个岗位都有明确的职责，按摩师负责发挥专业优势，为顾客提供专业服务，美容顾问负责提供专业建议，推荐最适合顾客的产品，店长负责全流程把控，并在必要的时候，帮助按摩师和美容顾问一起服务好顾客。

虽然大家的职责是明确的，但是职责的指向更清晰，目的只有一个，就是让顾客满意。在这个过程中，大家需要互相配合、互相补位。针对每一位顾客的具体需求进行复盘，而不是只盯着自己的任务。

从交响乐队到足球队的转变，是所有管理者在团队协作上可以调整的方向。此外，一个有意思的视角是，近年来成绩优异的足球队的"组织变革"往往从整顿更衣室开始。过去，球队中的"球霸"会在更衣室抢占资源，甚至直接把更衣室变成了休息室，用以显示自己的独特性和权威。知名足球教练瓜迪奥拉就曾提到，整顿球队更衣室的方法从切断Wi-Fi开始。

在百丽雅，也出现过类似的现象。七八年前，曾出现过老员工抢新员工顾客、霸占新员工业绩的现象。对此，我们采取了严厉措施，将这位老员工当月工资直接清零，第二次再犯则直接开除。组织内，每个个体的关系应该是协作，而不是"剥削"和"掠夺"。

03　从细节开始，完成组织结构的迭代和转变

如果把这个话题再往前推一步，在足球队模型的团队中，每个人应该采取什么样的沟通方式？又要如何相处呢？

我曾看过一些优秀球队的纪录片，他们在球场上和更衣室里最显著的特点就是有话直说。如果一个人犯了错，队友会直接指出问题："你最后那个失误让我们输球了。"如果一个人今天发挥得特别出色，大家也会毫不吝啬自己的欢呼和鼓励："嘿，兄弟，这场比赛打得真好，就是这样，继续保持。"这

种沟通方式直接且坦诚，不藏着掖着，也不回避问题。

带着这样的视角，我观察了一些表现优异的公司，发现它们大多推崇这种透明、简单、直接的沟通方式。比如，字节跳动有一个非常有名的理念——"Context, not Control"（提供背景而非控制）。这句话的意思是，员工大多是聪明人，和聪明人打交道，你要做的就是给他们足够的信任，而不是控制他们，你给他们提供透明的信息环境，相信他们能够做出好的判断。在字节跳动内部，员工的OKR是公开的，你可以看到别人的目标是什么，别人是怎么完成的，你可以从别人身上学习经验，也可以想想怎么帮助别人完成任务，大家互相协作。此外，字节跳动内部有很多吐槽群，用户和员工的吐槽会被收集并公开，甚至在食堂屏幕上滚动播放。这种直接的沟通方式不仅没有引发抵触，反而让相关技术和运营人员在看到后能够迅速改进问题。

我也在思考，我们的组织是否可以借鉴这种方式，哪怕从一些小事开始。在百丽雅，我尝试将一些文档资料公开，比如《百丽雅安心手册》和其他内部资料，这些资料沉淀了我们服务顾客的心法和步骤，所有人都可以查阅和学习。我们还会把这些数据输入企业的AI智能体，所有百丽雅的员工都可以用AI进行训练。有人提醒我，有的资料可能需要分级，普通员工可能不适合看，但我选择相信员工，践行"Context, not Control"。

在日常工作中，我还尝试了一种叫"低情商沟通"的沟通方式。以前，同事工作结果不够好时，碍于面子，我话没有说得很直接。但这种拐弯抹角的沟通方式不利于正确认识问题。所以我跟员工说，对外、对顾客，我们的情商要高点儿，但是在内部，我们的情商可以低一些，直接表达观点。一段时间后，我发现组织效率确实有所提高。过去，我们花费了大量的时间和精力去照顾对方的情绪，如今则可以将更多的精力放在产品和服务上。

此外，我们从公司制度上也做了一些设计来推进组织效率。例如，我们创建了一个名为"百丽雅吐槽大会"的共享文档，员工可以在这里提出对公司管理、设施等各方面的建议，甚至可以具体到"公司有个沙发脚断了，三天都没有人修"这样的细节。行政总监会以周为单位，在公司内部的会议上查看这些吐槽，并逐条解决问题。暂时解决不了的问题，也会在文档中进行回复，表明公司的态度。提出有价值建议的员工还会获得额外的奖励。

我们还推出了"夸夸卡"环节，员工可以在早会前写下两位最想夸奖的伙伴，并在早会上进行夸赞。从帮忙收拾房间到协助升单成交，每一个夸奖都足够具体。这种机制不仅让员工的付出被看见，更重要的是，它鼓励了组织内的互帮互助行为。

在AI时代，组织结构和团队写作模式都在发生变化。我相

信，扁平化的结构、足球队模型以及简单、直接、透明的沟通方式，是更符合趋势的未来方向。我们可能无法一步到位地完成这些调整，但可以从一些小事开始、从一些小的习惯和行为入手，逐步完成组织结构的迭代和转变。

未来已来，我们已经看到了一些未来的模样，那么不妨大胆尝试，朝着未来出发。

5-3 角色颠覆：新工具，会对老板和员工提出新要求

进入组织管理的话题，离不开对"人"的讨论。AI时代对每个个体的影响是什么？作为管理者，我们又该如何更好地管理人、激发人？

01 新工具出现，部分劳动力将被替代

很多行业都在被AI颠覆，从业者的职业发展轨迹也因此改变。例如，第一批原画师已经开始因AI而失业。AI绘图软件的出现，将插画创作时间从好几天缩短到十几秒，且质量不逊色于人类。

在游戏、设计等行业，这一变化是有冲击性的，甚至是具有毁灭性的。一开始，很多公司只是让原画师们使用AI绘图软件辅助工作以提高效率，但是没过多久，当发现AI软件

与人类的水平相差无几时，一些公司开始裁员，很多原画师因此失去了工作。取而代之的是那些专门使用AI工具的员工——他们不再负责画图，而是输出需求和指令，让AI完成创作。原来专精的原画师们要么只能接零散的小活儿，薪酬大幅缩水，要么被迫转型，学习AI。

看到这些变化，我的心情十分复杂。一方面，AI的发展速度令人惊叹，它对行业的颠覆和革命正在以我们意想不到的速度和烈度发生；另一方面，这也提醒我们，无论是员工还是管理者，我们都必须适应和拥抱AI，成为新时代浪潮中始终站在舞台中心的人。

在我看来，AI并没有取代原画师这个岗位，而是对其工作技能提出了更高的要求，带来了更多的可能性。如果原画师能够更好地向AI下指令、借助视觉传递情绪和内容、做好内容可视化等，他就能借助AI创造更大的价值。在这个过程中，原画师的能力从单纯的艺术能力转变为内容策划、思考和需求提出等综合能力。

类似地，未来所有岗位都将不再仅仅基于本职工作要求，而是技术能力、服务能力、坐销能力、行销能力、营销能力的综合体现。

当新工具出现时，部分劳动力被替代是商业发展的必然规律。旧的职业会消失，新的职业会兴起。不论是个人还是企业，都应该早做准备、未雨绸缪。

时代的列车呼啸而来，跟不上时代就会被淘汰。更残酷的是，时代抛弃你时，连一声再见也不会说，就像当年的"诺基亚时刻"。

因此，我们需要思考的根本问题是：**在AI时代，什么样的能力是稀缺且不可替代的？什么样的岗位是安全、有发展前景的？企业应该如何做才能与时俱进、领先同行？**

02　AI时代下，新型人才的必备能力

与多位业内专家交流后，结合我在保险、珠宝、服饰、大健康、美容、食品零售等行业落地AI的经验，我发现AI时代的组织变革也带来了招聘维度的变化。

首先，创新思维毋庸置疑是每个人必备的基本功。随着AI技术的发展，很多传统的工作流程和业务模式正发生着根本性的变革。我们不能依赖旧地图去寻找新大陆。AI时代需要的是那些能打破常规，提出创新解决方案的人才。他们能够洞察变化，以全新的视角应对挑战

AI时代的人才还需要具备如下能力。

第一，多学科交叉能力。

AI技术本身涉及多个领域，比如计算机科学、统计学、数据分析等。而AI的最终目标是服务于具体业务，这就要求人才不仅要懂AI，还要精通所在行业的专业知识。多学科的

交叉能力、知识的复用和迁移能力，对每一个行业来说都是非常重要的。这种能力能够帮助人才在AI与业务之间架起桥梁，实现技术与实践的完美结合。

第二，数据素养。

在AI驱动的时代，数据已成为企业最重要的资产。数据如同一堆未经开采的矿石，而能否从中提炼出"黄金"，成为衡量人才的重要标准。

我回国接班后做的第一件事情，就是给公司搭建了一个PaaS系统，让员工将所有顾客数据都录入系统，确保信息留在系统中，而非个人手中。当时正值企业数字化浪潮，很多创业者朋友问我："如果员工不填数据怎么办？"然而，美容行业有其特殊性：有些项目之间需要间隔周期，否则会产生副作用。如果美容师A不记录顾客的信息，美容师B可能会因为不了解情况而造成工作事故。这种潜在风险促使所有美容师都会把记录数据信息变成工作习惯和流程。现在，在百丽雅，员工如果在操作流程里没有看到数据和信息，会没有安全感。

在收集数据和信息的初期，我们通过奖励机制，鼓励员工提供有效信息和标签，引导大家为组织提供有价值的数据，摒弃无效信息。这种数据素养的培养，为百丽雅从数字化时代迈向AI时代奠定了坚实基础，也为AI的商业化落地提供了有力支持。

第三，适应能力和学习能力。

在百丽雅，我们通过月考、项目考试、真人演练等方式，锻炼员工的学习能力和适应新项目、新产品、新技术的能力。未来的变化会越来越快，很多技能需要重组，很多经验可能失效，企业需要的是那些能够快速学习新知识、适应新环境的员工。对于员工来说，具备这样的能力和心态，无疑会在AI时代更具竞争力。

对于老板来说，AI时代提出了新的要求。很多老板曾问我："我没学过这个，之前不干这个，也不是科班出身，很难理解新技术，我是否需要专门学一下AI技术？"每次我听到这样的困惑，都会跟他说："我也不是科班出身，但是清华大学经济管理学院愿意给我一个未来科技与组织行为实验室深圳主任的身份；复旦大学在研究了我落地的AI项目后，发布了《在AI时代下的生成式营销蓝皮书》；人民大学也在我落地AI项目后，通过采访我发布了《在AI时代下的职场精准教育白皮书》。这就是AI的魅力。"

理解AI技术后，我们就能够掌握其应用方法，从而在决策过程中避免被误导，并具备独立判断的能力。然而，如果过于关注AI技术的细节，可能会耗费大量时间，甚至导致忽视对企业整体战略的把控。**我们只需要知道，怎么用AI来放大自己的优势就可以了。**

老板的优势在于对行业的深刻理解和资源调配能力。多年摸爬滚打的经验，让老板对市场趋势、商业模式设计、公司战略规划及客户需求有着清晰且深刻的理解。这些经验是老板群体的宝贵财富，也是其擅长的领域。而如何高效利用有限的资源，实现效率最大化，是老板的重要职责。

因此，具体来说，老板在AI时代需要做好以下3件事。

第一，找到懂AI的同路人。

以我自己为例，我的太太曾是数字化智能公司的区域总监，她是我AI事业的重要伙伴。我今天能走上这条路，其实跟她有很大的关系。

另外，我在开始投入AI领域的时候，还邀请了清华大学经济管理学院的教授李宁老师作为权威专家，为我的AI项目提供专业指导。同时，我与"得到"App的联合创始人快刀青衣老师合作，是为了借助他们的专业知识和经验，补齐自己在AI领域的短板。这些合作让我能够走得更快、更远。

作为实业老板，我的专注点始终在于企业的战略规划，以及如何将AI技术与实际业务相结合。这是我的核心使命，也是我能够发挥最大价值的地方。

第二，寻找合适的AI工具。

如今，市面上的AI工具层出不穷，如ChatGPT、Midjourney、Sora、Suno等，AI技术也在不断进化。然而，一个人不可能亲自研究每一个工具，这既不现实，也不高效。

因此，我组建了一支专业的AI团队，让团队成员每天在市面上搜索最好用的AI工具。这些"信息官"会为我筛选出最有效、最先进的技术，让我能够随时掌握行业的最新动态。

在应用层面，企业自行开发AI工具的成本极高且效率低下，寻找市面上最优秀、最好用的AI工具才是更明智的选择。以百丽雅为例，我们最初引进了"得到"的"练练"工具作为企业的提效AI工具，后来在使用过程中我不仅见证了它的强大功能，还成为"练练"的合伙人。

过去半年，很多美容行业的老板纷纷前来取经，他们惊讶于百丽雅的发展速度，也很好奇我们的成功秘诀。后来，我才真正踏上AI商业化落地、"练练"工具推广的事业中。

我们辅导的很多企业，经过一段时间的数据"投喂"，可以做到服务效率提升40%，甚至翻倍。毫不夸张地说，用"练练"工具相当于在2个月内汲取了顶尖服务营销公司至少30年的实战管理经验。

第三，在组织内推广和落地AI。

作为老板，拥有了优秀人才和先进工具后，接下来的关键任务就是在企业内最大化地兑现人才和工具的价值。如何将AI化的工作方式融入全员的日常工作中，让每个人都具备AI思维，并借助AI提升效率呢？这是我们在百丽雅落地AI过程中不断探索的问题。

组织AI化

在百丽雅落地AI的经验中，我总结出3个关键策略：强要求、强对照、强引导。

强要求，就是简单、听话、照做。

有一次，公司的一位设计师向我抱怨："坤总，求求你了，让我用Photoshop吧。我用Photoshop做个图，10分钟就能完成，现在让我用AI，我不会啊，至少得半个小时。"我能理解他们的难处，这些设计师大多是"技术出身"，对自己的手艺充满自信，擅长操作软件，却不擅长用文字指令与AI沟通。然而，我坚信AI的潜力，当时的我笃定地认为AI可以100%实现我想要的效果。

于是，我陪着这位设计师一起提出需求、输出指令、调整细节。最终我们发现，在那个时间点，AI无法完全实现我们的全部指令。于是，我们先借助AI完成从0到70分的基础工作，再由设计师凭借经验和手感进行微调，最终产出高质量的成果。

从那时起，我对AI工具产生了更深刻的理解：AI不是万能的，它是有边界的。例如，在这个工作任务中，AI充当的是一个"打地基"的角色，我们用AI完成基础工作，再通过人的智慧提升产出的上限。

强对照： 当更高效的技术出现时，过去引以为傲的方法可能已不再是最优解。

绝大部分人很难走出舒适区，作为老板，有时需要在背后推员工一把。但这种推动真的有效吗？我尝试了一种方法：A/B测试。

在"练练"项目中，我将360多位员工分成两组，一组使用AI工具，另一组不使用。双盲对照实验结果显示，经过AI训练的员工的平均业绩增长了4500元，成交转化率是未训练组的1.65倍。

在这个过程中，还发生了一件特别有意思的事。有一个未训练组的员工"偷偷"使用训练组员工的"练练"账号练习。后来我才知道，原来是这位员工眼睁睁地看着隔壁组员工的效率、成果明显提高，自己不甘落后，于是主动出击了。

没有对比，就没有伤害。为了让组织内更多的人更快地加入这场变革，我开启了强引导。

强引导，尝试很多方法，形成使用AI的环境和氛围。

我尝试了很多种方法，例如设置不同的绩效梯度，让熟练使用AI工具的员工通过效率提升拉开收入差距；设置AI增效奖，鼓励员工创新性地使用AI工具；让通过AI获益的员工成为分享老师，传授其他人如何用好AI。通过塑造"身份光环"，形成师徒制，影响更多的员工，进行正向引导。只要形成了使用AI的环境和氛围，就能更好地推行AI的新技术、新方法、新流程。

在学习AI的过程中，员工难免会遇到冲击、不适、迷茫，甚至怀疑是否回到旧模式会更快、更方便。然而，那些动摇的人注定会在AI时代被抛弃。在我看来，能用好AI的人，一定带着信仰的力量。**大多数人是"先看见才相信"，而带着信仰的人往往是"先相信才看见"。**

> 如果今天，先看见，才相信，这种力量是相信（Trust）；
>
> 如果今天，你能够推理出这件事可行，这种力量是信任（Believe）；
>
> 而如果今天，你还没有看见，但已经选择了相信，这种力量才是信仰（Faith）。

所谓信仰，信不达则力不达，仰不达则智不达。

5-4　组织制度：用分享的机制让AI落地

在与众多老板交流的过程中，我常常听到这样的声音：AI是一个趋势，我也知道它很重要，应该上升到组织的战略层面，但是总感觉它很难落地。开会时大家兴高采烈，但走出会议室，似乎又回到了老样子。如何才能更好地推进AI，在企业中真正形成AI文化呢？

这确实是一个值得深思的问题。我在前面提到过百丽雅的"会场、钱场、人场"理念，也一直在实践中探索如何将这些零散的行动进一步整合为连贯的制度。或许，我们需要一套更系统化的机制，帮助组织更好地落地AI，实现真正的变革。

这套机制可能是一套基于分享的机制——分享利益、分享权力、分享荣誉。

01　尝试用激励的手段，激发大家的意愿

在与一些老板交流时，我常常会问："大家都觉得AI好，但为什么回到公司就不愿意用了或者用不好了呢？"

有一位老板曾对我说："坤总，在组织内推动一场变革，绝非易事。从听到，到做到，再到最后做好，中间的路还很长。更不用说，很多人内心本质上是抗拒变化的。毕竟，变化意味着要走出舒适区，也许从一开始，他们就是拒绝的。"

他接着说："意愿是变革能否成功的关键前提。如果这个问题不解决，变革就很难推进。"听完他的话，我想想也是。面对变化，每个人心里都会有各种担忧："这么变能行吗？""这跟我有什么关系？""这么变能让我变得更好吗？"这些担心往往成为变革的阻力。

管理大师德鲁克说过："管理的本质在于激发人的善意。"在变革中，可能更是如此。如何激发大家的意愿，让大家主动参与变革中，是管理者需要思考的问题。或者说，如何帮助组织内的人迈出第一步，也变得至关重要。

我在学习过程中深受启发：**我们可以尝试用激励的手段来激发大家的意愿**。但是激励并非简单粗暴地直接发钱，而是通过分享利益的方式，发挥牵引作用，让大家先行动起来。

发钱的方式也有很多种，比较常见的一种就是即时奖

励。我之前提过，百丽雅就有这样的奖励机制，在进行知识萃取时，如果有人提出好的建议，且这些建议被采纳，我们就会给予奖励。比如：

> 有员工在工作群分享："这是李姐第三次来百丽雅××门店。在李姐晚上休息前，我提醒了她注意事项，并表达了关心。李姐对我和百丽雅的印象都非常好，也跟我预约了下次理疗的时间。"然后，附上了聊天截图。这个分享有细节、有结果，还能体现员工如何处理关系的，属于知识萃取的优质素材，可以获得奖励。对于类似的分享，每条我们都会给予10~200元的奖励。

即时奖励的重点在于"即时"，而不在于金额多少，其目的是让大家明白：只要参与，就能马上获得奖励。除了即时奖励，还有专项奖励。比如，当我们想在企业内推广一款AI产品，把经验提取出来并输入AI中赋能员工，如果把这件事当作一个内部项目，那这个项目能走多远？这时，可以设置一个专项奖励，给予项目负责人几个月的时间落地实施。项目中节省的成本或增加的收益，可以以一定的比例作为奖金分配给有贡献的员工。这相当于把推广AI单独立项，并为这个项目单独设置奖金。为了实现目标，相信负责人会更加努力。

按照这个思路，我们还可以进一步思考：如果项目的推进周期不是几个月，而是三五年呢？组织内也有三到五年的规划，那么我们是否可以设置中期奖励呢？中期奖励不仅有专门的奖金，还能在一定程度上实现人员的稳定性，用奖金留住关键人才。

总之，分享利益，用利益作为牵引，是激励的一种重要方法。

02　新变化的出现，往往会催生新的职业和岗位

在组织内，除了分享利益，我们还可以分享岗位和晋升机会。当组织经历一场变革时，尤其是由人工智能（AI）引发的变化，岗位的变化尤为显著。

在我撰写这部分内容时，刚好发生了引发热议的事件，"萝卜快跑"无人出租车出现。几乎人人都在讨论无人出租车带来的影响。很多人认为，无人出租车会冲击网约车市场，可能导致部分从业者失业，进而推高社会失业率，这显然是令人担忧的。这种观点固然有一定的道理，但我的视角或许有所不同。在我看来，每次新技术的出现和每场变革，其实都会催生出新的职业和岗位。

如果未来道路上行驶的都是无人驾驶汽车，我们也会面临新的需求和服务。比如，这些车辆仍然需要定期清洁和保养，出现异常情况时也需要人工介入和干预。事实上，在很多环节上，仍然需要人类进行监督和协调。技术进步肯定能提高效率，也许我们可以延缓其发展速度，但无法阻挡其必然到来的趋势。

在组织内落地AI也是如此。管理者需要思考的是，如何在引入AI的同时，为员工创造新的发展机会。以百丽雅的"练练"工具为例，它通过萃取每个岗位的知识和经验，将其输入AI模型，然后将这些知识赋能员工。这一过程形成了一个全新的工作链条，带来了全新的工作要求和体验。未来，在组织内可能会出现很多新的岗位，比如知识萃取师、数据训练师、模型测试师、AI落地官等。

进一步设想，组织的晋升路径也可能发生变化。传统上，我们有技术岗和管理岗，但未来这些岗位可能都需要叠加上与AI相关的考核和技能要求。成为核心人才的关键在于掌握AI技术，否则可能沦为单一技能人才。因此，组织可以尽早规划新的岗位和晋升路径，这既是为组织变革做准备，也是为员工发展提前考虑。

分享岗位和晋升机会，实际上是在与组织分享未来。

03　帮助AI更好落地

在组织内，我们还能做些什么，以帮助AI更好地落地呢？有一点至关重要，那就是分享荣誉。荣誉感是激励机制中不可忽略的重要因素。

我认识一位老师，他曾为华为工作多年，专注激励和绩效管理，积累了非常丰富的实战经验，如今也在为众多企业提供激励机制的培训。他提到，华为有一个奖项，叫"蓝血十杰",专门用来表彰那些对华为的管理体系建设做出过重大贡献的员工。

曾经有一位离职两年的员工,突然收到华为的消息,消息告知他,他有一笔奖金。这位前员工感到很惊讶,因为他已经离职两年了。对方解释,因为他曾获得"蓝血十杰",对公司有过不可磨灭的贡献。他当时创建的系统至今仍在使用,不仅为公司节省了巨额成本,还实现了盈利。即使他已经离职,公司依然决定将相应的奖金发给他。这位员工听后非常感动,表示即使离开两年,公司依然记得他的贡献。对于华为人来说,获得"蓝血十杰"称号是一种永远的荣耀。这也是为什么很多华为员工,即使离职后,依然对华为念念不忘,因为华为给予了他们足够的荣誉感和尊重。

听完这个故事,我开始思考百丽雅能否借鉴这种荣誉感机制,借助AI来实现这种荣誉感机制。AI可以把知识和经验沉淀下来,当有人提出有价值的建议和想法时,除了给予即时奖励,还可以把这些贡献记录下来,方便日后溯源。我们也可以为员工设立奖项,这样可以长期绑定优秀员工,即使他们离开公司,也能与他们保持良好的关系。用AI记录贡献,赋予员工荣誉感,这些有荣誉感的员工,也更有可能助力AI在组织内更好地落地。

进一步思考,即使我们无法立刻搭建一套完整的系统或制度,也可以从一些小行动开始。比如,把顾客的表扬信用AI推送给全体员工,让大家共享这份荣誉;又比如,当有人提出好建议或好方法时，可以用这位员工的名字命名这个建议或方法。以后这套话术、服务流程或推广方法就可以被称为"XX话术法""YY服务流程""ZZ推广法"。分享荣誉，不仅能激发员工的参与意愿，还能鼓励他们贡献智慧。

在组织内，我们通常从两个维度判断一个人是否优秀：一是意愿，二是能力。在一场变革中，我们或许更应优先考虑人的意愿。能力可以通过培养逐步提升，而意愿则需要我们努力激发。激发意愿，就是让员工接受变化，愿意尝试。这个启动过程一开始是比较困难的，因为人们迈出改变的第一步往往需要被推一把。这个推一把，可以是分享利益、分享岗位和晋升机会，也可以是分享荣誉。通过分享，形成一套机制，让AI变革在组织内落地。组织愿意分享，员工也就愿意分担，最终大家才能共享AI变革的成果。

说到这里，我想回到最初的话题。很多老板会和我说："AI是一个趋势。"但我会告诉他们，AI不仅是一个趋势，而且AI是一个时代。

因此，结合上一节提到的内容，组织在推进AI落地的过程中，需要与高层建立AI落地的信仰共同体，与中层建立AI落地的荣誉共同体，与基层建立AI落地的利益共同体。只有这样，组织才能穿越周期，实现从产品到规模的跨越。

5-5　组织环境：AI时代，激发创意的工作空间

随着AI时代的到来，人工智能正在极大地提高工作效率，增强组织的灵活性和适应性。AI能帮我们做好培训，做好营销，做好内容，做好方方面面。

AI已经为我们创造了这么大的价值，那么在AI时代，我们还能做些什么？或者换一种说法，还有哪些更具价值的事情值得我们去探索？

在我看来，答案是创新。创新业务模式，优化工作流程，不断探索新的可能性——这些才是我们应当聚焦的方向。因为创新不仅能为我们带来未来的收益，更能构建起面向未来的竞争力。事实上，创新也是很多老板特别关心的话题。

AI固然能够提升创新效率，但是创新的源头往往仍来自人类的智慧与创造力。很多灵感瞬间迸发，往往源于人与人之间的相互激发。这些创新瞬间，可能就在不经意间诞生。在

我看来，改造空间、改造场景、改造环境就能让我们提高创新发生的概率，让创意与AI更好地结合，从而探索更多新的可能性。

01　创意的环境可以被创造

组织内的创意从何而来？在很大程度上，创意的源头是组织的成员。2024年4月，我与中国人民大学李育辉教授一起发布了《2024人工智能与职场研究报告》（见图5.1），在中国人民大学分享会上，李育辉教授还与我分享了组织行为学大师亚历克斯·彭特兰的一个观点：

> 如果把组织当作一艘船，那么成员们的想法就如同一条河流。当这条河流持续地流动时，船就能顺利航行。但如果这条河流静止了，那么船就会动弹不得。

图5.1

也就是说，组织能不能往前走，很大程度上取决于成员们的想法。然而，这些想法仅停留于脑海中是远远不够的，还需要经常被拿出来共同探讨和激发。尤其在AI时代，大多数员工都是脑力工作者，他们头脑中的知识需要不断地碰撞和融合。

彭特兰还曾做过一个实验。他在美国银行呼叫中心的3000多位员工中，随机选择了4个团队，每个团队约20人，并将这些团队作为对照组。他还为这些团队配备了专门的设备，用于记录员工之间的交流频率和强度，记录他们之间的互动水平。

他想看看成员之间的互动会不会促进想法的碰撞，能不能提高工作效率。实验结果验证了他的猜想。在呼叫中心，判断员工效率高低的一个重要标准是，每通电话的时长——通话时间越短，说明问题处理得越快，质量越高。彭特兰发现，那些互动水平更高的小组，工作效率明显更高。因为在互动过程中，想法得以交流，行为模式得以迭代，创意也会不断涌现。

基于这些发现，彭特兰采取了一些简单的措施来促进员工之间的充分交流，从而激发更多的创意。比如，将原本轮流休息的安排改为统一休息时间；将原本较小的餐桌换成更大的餐桌，以便更多人同时用餐。这些小小的改变，最终使呼叫中心的绩效提升了上千万美元。

很多管理者常常认为，组织内最优秀的员工是那些最努力、最刻苦的人。然而，事实并非如此。效率远比努力更重要。在百丽雅，我们也秉持这一理念：我们会为努力工作的人鼓掌，但更为成果卓越的人颁奖。

我们发现，要做的事情并不复杂——增加员工之间沟通交流的频率和深度，就能产生意想不到的效果。通过交流，员工的想法得以扩散，优秀的创意得以传播，这便是"智能涌现"——组织内的每个人通过互相交流沟通，形成了另一种集体智慧的"涌现"。

我强烈感受到，在AI时代，新型组织更需要这样做。一个创意、一个创新，或许就能给公司带来很多的利润。虽然我们常常认为创意可遇而不可求，但从彭特兰的实验来看，我们完全可以创造一个激发创意的环境。

02　利用空间设计激发创意碰撞

不仅是彭特兰的研究，我还发现另一家以创意著称的公司也在践行类似的思路，这家公司就是皮克斯。作为全球最具创意的动画工作室之一，皮克斯的每一部作品都令人惊叹，让人不禁好奇：他们是如何源源不断地产生那么多精彩创意的？

后来，我似乎找到了答案：皮克斯非常注重团队交流，并通过空间设计来"强制"促进这种交流。在皮克斯的园区里，有一栋大楼，叫乔布斯大楼。这座大楼由乔布斯亲自设计，其背后的理念深刻影响了皮克斯的创意文化。

在一开始设计的时候，设计师的方案是建造4座小楼，在小楼之间设置一个广场，供员工休息和交流。这个方案听起来还不错，但是乔布斯并不满意。他认为，这样的方案反而会将人们隔离在各自的楼里，不利于交流，他希望每个人都能与他人产生交集。他坚信，好的创意一定是碰撞出来的，如果大家连碰面的机会都没有，又何谈创意的产生呢？

因此，乔布斯几乎推翻了原有设计，改为建造一座两层高的大楼，并将中间的中庭设计得狭长而开阔。这样，不管员工从哪里出发，都必须经过这个中庭，不同部门、不同层级的人在这里交会，增加了彼此相遇的机会。

这种设计理念被很多公司借鉴，开放式布局和长长的走廊成为很多建筑的标配。无论员工来自哪个部门或处于哪个层级，都可以在走廊里散步、放松，并与身边的人随意交流。这就是用空间上的"强制性"设计，增加了人们碰面的机会，为创意的产生提供了土壤。

在百丽雅，很多创意都是员工在非常放松的情况下想出来的。我们无意中做对了一些事：百丽雅的很多门店都是独栋建筑，面积大、投入高。这与当下很多美容店轻投入、轻资产的模式不太相符，但并非我们不懂风险控制，而是希望为大家创造一个能聚在一起的环境。无论是人才还是技术，都需要一个合适的载体来承载。

在组织内，我们常常会通过命令、指标甚至考核来推动某些目标的实现，但往往发现，命令式的管理在需要创意的场合，效果并不理想，甚至可能成为创意的阻碍。与其强制要求大家交流，不如通过空间设计，让人们自然而然地聚集在一起、聊起来。许多想法往往就在这样的轻松交流中逐渐浮现。

03　AI时代下的组织，到底会变成什么样

带着这样的视角，我重新审视了《重新定义公司》中提到的故事。谷歌创始人拉里·佩奇觉得搜索结果不好，他没有直接下达命令，而是将这些结果打印出来并贴在食堂公告板上，并附上一句"这些广告太糟了"。随后，有位工程师看到之后，和自己团队的人，利用周末时间找到了解决方案，出人意料的是，他们的努力最后催生了Google AdWords业务的核心逻辑。

更令人称奇的是，这几个人没有一个是广告部门的，这件事原本也不由他们负责，而且他们是在公司玩桌球的时候看到了拉里的不满。他们之所以能够做出这样的贡献，正是因为谷歌为员工提供了一个自由交流的环境。员工们可以在下班后一起打桌球、聊天，偶然间发现公司创始人对某个问题的不满，便主动尝试解决。

这个故事至少说明了一点：谷歌通过提供自由的工作环境和交流空间，激发了员工的创造力。例如，谷歌食堂的用餐等待时间被设计为大约4分钟，这个时间不长不短，正好能让员工进行简单的交流。如果比4分钟"短"，可能刚够打个招呼的时间；如果时间更长，大家就会开始玩手机。

这些公司十分看重员工的交流，想尽办法创造员工交流的机会。互动不仅能产生灵感，而且能激发创意。可以预见，在AI时代，这些创意将成为AI发展的养分。当我们有了绝妙的点子，可以借助AI实现，但这些点子本身往往需要我们自己去发掘和创造。

我也在思考，如何在组织内进一步促进交流呢？其他公司的一些做法值得借鉴，比如在办公室布置很多白板。这样，当员工讨论问题时突然产生灵感，就可以立刻将其记录下来，避免灵感溜走。一个简单的讨论可能瞬间变成一场头脑风暴会，大家端着咖啡，聊着聊着，就可能聊出一个极好的想法。百丽雅的主营业务是美容服务，可能并不适合白板，但是我们也设计了自己的"第三空间"。百丽雅的每个美容院都有很宽敞的会客大厅，不仅能让顾客舒适地等待，还能为员工提供一个放松交流的环境。

在放松的状态下，人们更容易产生创造性思维，创意也会自然涌现。这些想法让我意识到，组织需要为员工创造更多的交流机会，提供思想碰撞的条件。在AI时代，组织的结构、沟通方式和组织制度都需要适应新的变化，创造一个能够激发思考和创新的环境。

未来，组织之间的竞争将不仅仅是效率的竞争，更是创意和创新的竞争。那些能够自主创新，并借助AI实现创新的公司，将更具竞争力。

后记

感谢你读到本书的最后，这对我来说是莫大的荣幸和鼓舞。一直以来，我都认为自己不过是AI世界的小学生，我不是科班出身的技术专家，只是一个AI实践的落地者和探索者。

当2024年诺贝尔经济学奖授予AI研究学者时，我内心非常高兴，这也在我的期待之中。虽然很多人说AI技术是一种集权，但在我看来，AI为所有坚守初心、不愿为利益牺牲品质的线下服务企业带来了前所未有的机遇，也为普通个体借助先进工具成为"超级个体"开辟了全新路径。

在最后，我也想和你分享一些写书时的感受。

你可能不知道，我曾在加拿大留学，主修神学专业，并在教堂担任过3年牧师。回国之后，我接手了家族的百丽雅美业集团，并开始尝试用AI提升组织效率，如今也在继续推动AI的落地，为其他企业提供咨询和服务。

我常常思考，为什么由一个研究神学的人来推动AI的落地和实践？记得当年决定回国接班时，我对培养我的老师说："真的很抱歉，您培养了我这么久，而我现在要回国经商了。"我的老师却对我说："做出爱人如己的服务，荣耀上帝的产品，经商也是布道。"

回到国内的前几年，我满脑子想的都是如何把服务做到爱人如己，把产品做到荣耀上帝。然而，身边的人总是谈论如何做好产品、做好营销。说实话，当时的我很不屑，因为一来我真的不擅长，二来作为一个追求品质的线下服务机构，我哪有这么多的资金、时间、精力去做流量、做营销呢？

AI时代的到来，让我看到了新的机会。一个不懂技术、不懂流量的人，也能借助AI实现低成本获客。线下服务行业不再需要为流量而牺牲产品品质和顾客体验。所以，最让我欣慰的是，如今可以借助AI的力量，真正实现爱人如己的服务和荣耀上帝的产品。

同时，我也发现AI的出现与神学发展中的一个经典时刻非常相似，这让我对AI充满了信念。我相信AI将是一场颠覆性的革命。

在神学发展史上，有一件不可忽视的事情——古登堡发明了西方的活字印刷术。我在第五章分享过：印刷术的出现极大地增加了《圣经》的数量，让每个教徒都能拥有一本属于自己的《圣经》，从而拥有了自己解读《圣经》的自由和权利。换句话说，人们不再受制于腐朽教会的控制，不再被别有用心的人传播的教义所束缚，而是可以通过《圣经》直接与上帝对话。于是，宗教改革开始了。

当看见AI席卷而来时，我强烈地感觉到，这可能就是我们当下正在经历的"古登堡时刻"。AI正在帮助我们提高工作效率，改变组织的协作方式，可以预见，未来人们的工作习惯将会与现在截然不同。

这不仅是一场媒介革命，更是一次思想的解放。在本轮革命中，AI最大的价值在于能够以规模化的、个性化的且随时随地的方式，通过交流辅助每一个人的成长，最终帮助公司实现业绩、目标和愿景。这一价值已被广泛认可，其重要性不言而喻。然而，如何真正让AI落地？这是需要我们回答的问题，也是下一阶段迫切需要解决的关键课题。

在与各行各业的老板交流以及服务不同顾客的过程中，我深刻地体会到，AI的落地必须从公司的知识梳理开始。因为每个公司的价值观、业务逻辑、产品价值、关键环节和用户服务等方面都各不相同。在某种程度上，一家公司的知识是其全部信息的集合。因此，能不能准确总结、提炼、应用、复制这些知识，成为AI落地的关键，也将成为未来优秀公司和平庸公司的分水岭。

在帮助顾客进行知识梳理时,有两位思想家的话一直在我的脑海中回响。他们的观点给了我极大的启发,确保我在底层逻辑上能够做好这件事。

第一位是大卫·休谟。他在《人性论》中提出了一个著名问题:从"是"能否推出"应该"?从"事实"命题能否推出"价值"命题?这背后其实是对因果关系的探讨。因果关系在AI处理信息时同样适用。AI会不加分辨地学习我们提供的资料,这意味着,哪怕我们梳理的知识是错误的,AI也会照单全收。但最终,它为公司提供的指导也必然是错误的。

最典型的例子是一些"正确的废话"——比如"只要努力就能成功""只要有正能量就能得到好结果"。然而,努力与结果之间并没有必然的因果联系。努力是必要条件,但绝非充分条件。除了努力,还需要正确的方法论和流程指导。但"努力就能成功"这一观点却被很多人奉为圭臬。

在梳理知识的过程中,我们必须准确分辨哪些是真正的"知识",哪些只是"鸡汤"。否则,AI在企业的落地最终会沦为空中楼阁。这对任何人都没有益处。

第二位是索绪尔。索绪尔指出:"没有所指的能指是没有意义的,而没有能指的所指是无法想象的。"

能指(signifier):指符号的声音形象或书写形式。
所指(signified):指符号所表达的概念或意义。
这二者构成语言符号的两个不可分割的部分。

举个例子，当我们提到"橙子"时，每个人脑海中都有"橙子"这个概念，但是每个人对橙子的理解却可能大相径庭。假设我对员工说："请帮我买个橙子回来。"15分钟之后，他可能会带回一个甜橙，或者长得像橙子的砂糖橘，甚至是一个丑橘。这是来自符号学的提醒：我们需要不断澄清对事物的认识，形成共识。如果语境不统一，指令就会毫无意义。

很多老板会找到我说："坤总，能不能帮帮我，把'有爱'的理念传递给每位员工。"这时我就会问："那什么是'有爱'？""有爱"是一种能指，但它的所指却因人而异。有人将占有称为爱，有人将发自内心的欣赏称为爱，还有人将不求回报的奉献称为爱。

老板，你说的"有爱"究竟是哪一种？同样，知识也是如此。在梳理知识时，必须清晰地定义概念、背景、情境和适用条件。

落地AI，不仅是落地一个工具，更是落地公司"所有能指和所指的统一"。宗教革命、思想解放、因果关系、能指和所指的统一……这些看似和AI不相关的神学和哲学概念，却让我更坚定地看好AI，也让我从更丰富的视角思考AI，帮助我更科学地落地AI。

我相信，经过知识梳理后搭建的AI智能体，一定能为企业带来价值。哪怕是一个企业小白，也能通过它快速复制企业的成功路径。因此，无论是在公司内部，还是与合作伙伴交流，我都会强调：AI开启了新时代。

在这个新时代，我们的工作模式和判断标准都将发生变化。未来，我们如何证明自己的能力？也许不再像过去那样依赖传统标准，而是更关注人与AI的关系。我们可能会更关注以下问题：你是否拥有使用AI的经验？面对任务，你能否利用提示词工程快速应用AI完成？当AI的回答不尽如人意时，你能否有效与之互动？更进一步，如果你需要建立一个AI，打造适合组织的AI智能体，你将如何着手？

未来，与AI建立良好关系可能比与人建立关系更为重要。如今，我们处于知识时代，AI是对知识工作者的赋能。过去，我们把人变成机器；未来，我们将把机器变成人。机器永远比人更勤奋、更稳定，但是人也永远比机器更有灵性和智慧。

AI是人类能力的延伸，是能力的放大器，赋能的过程最终要实现1+1＞2的效果。因此，在本书中，我最希望传递的不仅是AI的实践经验和方法，更是一种观念：了解AI、拥抱AI、使用AI。

AI时代已经到来，改变正在发生，希望我们能一起探索、一起享受AI带来的赋能和红利。